これより旨い鶏料理を
僕は知らない

オステリア ルッカ♡東4丁目
オーナーシェフ

桝谷周一郎

宝島社

はじめに

料理の道にはじめて興味を持ったのは10歳のとき。
テレビで観た土井勝さんのレシピを真似して
鶏の唐揚げとちくわサラダを作り、
近所のおじさんに「将来はコックだな！」と言われたのがきっかけでした。
鶏肉は、そんな原点ともいえる体験に登場するほど大好きで、身近な食材です。

ボーイスカウトではじめて鶏肉をさばいたときの衝撃はトラウマになりましたが、
料理の道に入ってからは、先輩たちがさばいている姿がとてもかっこよく見えて、
「やらせてください！」と申し出て、
部位ひとつひとつを覚えながらさばいたのを思い出します。

そんな楽しくも厳しい修業期間を経て
25歳で「オステリア ルッカ」をオープンし、
開店当時から作り続けているスペシャリテも鶏肉料理。
鶏肉はおいしく、手に入りやすく、調理法も多く、
なによりお財布にやさしい、とても優秀な食材です。

本書では、しょうが焼き、パスタ、チャーシュー、カレー、油淋鶏（ユーリンチー）など、
たくさんのメニューをご紹介しています。
簡単にできる家庭料理から上級者向けのレシピまで、あわせて80品を掲載しました。
なかには、YouTubeでおなじみの「かおちゃん」のレシピも。
その日の気分やシチュエーションによってレシピを選べるので、
どんどんチャレンジしてもらえたら嬉しいです。

食べることは生きていくうえで欠かせない大切な営み。
料理を作ることや、それを食べることで人生はより豊かになると思っています。
せっかく食べるなら、おいしいものを食べたい。
おいしいものは、身近な食材でもできます。

僕が作った料理を「おいしいね」と
食べる笑顔を見るのがとても楽しみで、日々厨房で腕をふるっています。

そして、何年作り続けても、料理はまだまだおもしろい。

オステリア ルッカ♡東4丁目　オーナーシェフ　**桝谷周一郎**

CONTENTS

02
はじめに

08
桝谷流・調理の流儀

10
鶏肉を旨くする下処理

Part.1 もも肉 THIGH MEAT

16
ルッカ スペシャリテ
チキンロースト

20
チキンのマスタード
パン粉焼き

22
鶏の唐揚げ
アイオリソース

24
もも肉の
しょうが焼き

26
イタリアン
鶏肉じゃが

28
チキンの
カポナータ

30
具だくさん
ミネストローネ

32
もも肉の
カチャトーラ

33
かおちゃんの
鶏味噌

34
鶏肉とパプリカの
ピーナッツ炒め

35
鶏肉となすと
セロリの中華炒め

36
彩り野菜の
ショートパスタ

38
ジャポネ風パスタ

40
桝谷流
チキンライス

41
根菜の鶏汁

Part.2 むね肉
BREAST MEAT

46 ミラネーゼ

48 チキン南蛮 バジルマヨソース

50 Pizza風

51 ピカタ

52 ガランティーヌ

54 むね肉の オランデーズソース

56 鶏チャーシュー

57 むね肉ときゅうりと トマトのスープ

58 鶏とブロッコリーの パッパルデッレ

59 梅と青じその パスタ

60 照り焼きサンド

サラダチキンアレンジレシピ4選

62 スパニッシュ オムレツ

63 白切鶏（パイセイチィ）

64 サラダチキンと キャベツのスープ

65 かおちゃんの とろろチキン丼

Part.3 ひき肉
MINCED MEAT

70 ハンバーグ

72 コロッケ

74 ポルペッティ アラビアータ

75 ズッキーニの 肉詰め

76 トマトチーズ焼き

77 じゃがいもの カリカリ焼き

78 塩麻婆豆腐

79 ひき肉とトマトと 卵のチネーゼ風

80 大根あんかけ煮

81 かおちゃんの 味噌ひき肉の冷奴

82 桝谷風水餃子

83 ミートソース ビアンコ

84 トマトの ミートソース

86 桝谷のそぼろ丼

87 ドライカレー

Part.4 手羽
CHICKEN WINGS

92
手羽元のポトフ

94
手羽元のカレー

96
手羽元の
クリームシチュー

98
手羽元と
かぶのスープ

99
手羽元と
じゃがいものロースト

100
手羽中の
塩レモン焼き

101
手羽中と
大根の煮込み

102
手羽中のさっぱり煮
ブロッコリー添え

103
手羽中の参鶏湯(サムゲタン)

104
かおちゃんの
手羽先

105
手羽先となすの
甘辛炒め

106
手羽先の油淋鶏(ユーリンチー)

107
手羽先の
四川風鍋仕立て

Part.5 ささみ
CHICKEN FILLET

112
ささみのクレオザ

114
ささみとミニトマトの
ソテー

115
ささみマヨ
春雨揚げつき

116
スティック野菜
ささみディップソースで

118
ささみと
きのこのマリネ

119
かおちゃんのささみと
アボカドの味噌和え

120
ささみの
カレーフライ

121
ささみの2種ごま
スティックフライ

122
ささみと青じその
梅春巻き

123
ささみとえびの
バポーレ

124
ロールキャベツ

125
ささみの
スフォルマート

126
ささみの親子丼

127
ささみのゴルゴン
ゾーラグラタン

COLUMN

 42 ピーマンと鶏皮の塩昆布和え

 43 こんにゃくと鶏皮の筑前煮風

 66 鶏皮カレーピラフ

 67 鶏皮炊き込みごはん

 88 鶏皮せんべい

 89 きゅうりと鶏皮ポン酢

 108 鶏皮タラモサラダ

 109 鶏皮のシーザーサラダ

本書の見方

A 材料
レシピを作るのに必要な材料を明記しています。
飲み物などの添えものは含まれません。

B 作り方
レシピを完成させるための手順です。

C ポイント
調理のコツやポイントを補足しています。

D Chef's Point
レシピ全体に関するポイント、注意点、
その他アレンジ方法などを解説しています。

【本書の決まり】
- 計量単位は大さじ1＝15ml、小さじ1＝5mlです。
- 調味料について特に記載のないものは、
  しょうゆは濃口しょうゆ、
  塩は食塩、砂糖は三温糖、味噌は合わせ味噌、
  バターは無塩タイプを使用しています。
  みりんはみりん風調味料ではなく本みりん、
  酒は料理酒を使用しています。
- 玉ねぎ、にんじんなど、
  通常皮をむいて調理する食材については、
  皮をむくなどの下処理工程を省略して
  記載している場合があります。
- 特に記載がない場合、火加減は中火で調理しています。
- 電子レンジは基本的に600Wを使用しています。
  500Wの場合は加熱時間を1.2倍にしてください。
- はちみつは1歳未満の乳児には与えないでください。

今日から真似できるプロの技!
桝谷流・調理の流儀

僕が調理のときに大切にしていることは、今日からすぐ真似できるような
シンプルなことばかりです。時短・手抜きもよいですが、
手間をかけるところはきちんと手間をかけてメリハリをつけることが大切です。
桝谷流の料理哲学をお教えいたしましょう。

01 下処理の手間を惜しまない

肉や野菜などの下処理は絶対に手を抜きません。例えば野菜もただ洗うだけでなく、かぶのヘタの間の泥を竹串できれいにしたり、使うときまで水につけておいたりと、隅々まで気を配ります。手間を惜しまずにしたことが、おいしさに直結します。

02 食材は余すところなく使う

鶏皮や野菜の葉や皮も、できるだけ捨てないで活用します。今まで捨てていたのがもったいないほどのレシピに変身させるのも腕の見せ所。コラムの鶏皮活用レシピは必見ですよ。下ごしらえに使ったにんにくを料理に活用したりもします。

03 道具はシンプルに

これは料理全般に関することですが、YouTubeのタイトル通り「Simple is best」です。もちろんこだわる部分もありますが、ステンレスの丸皿をフライパンのフタやバット代わりにすることも。「弘法筆を選ばず」ならぬ「桝谷道具を選ばず」です。

04 基本はコールドスタート

フライパンに食材と油を入れてから火をつけるコールドスタートが基本。低温の状態からじっくり火を入れていくので、食材の旨みが引き出され、焦げつきや油はねもしにくくなります。失敗しにくいため、料理初心者にもおすすめです。

05 五感を研ぎ澄ます

いい料理人はみんな目と耳がいいものです。焼き上がりの色や音を見極め、ここぞというタイミングで次の工程へ。慣れてくると、見なくても音の変化だけで焼き上がりがわかったりします。味や匂いなど、五感をフル活用してください。

06 市販品も活用する

プロも家庭では市販品を活用します（笑）。味を決めるのに焼肉のたれを使ったり、王道レシピの隠し味にのりの佃煮を入れたり、プロだからこその視点で味の組み合わせを考えています。どのレシピに使われているか探して、ぜひ真似してみてください。

07 盛りつけは遊び心を大切に

彩りのあるものを中央に持ってきたり、器を工夫したり、盛りつけのコツはいろいろありますが、遊び心を忘れてはいけません。楽しい気持ちは食べる人にも伝わります。「こうしたらおもしろいかな？」という冒険心が、最後に魔法をかけるのです。

ひと手間でおいしさが桁違い!
鶏肉を旨くする下処理

どう調理してもおいしい鶏肉ですが、ちょっと手間をかけて下ごしらえをすることで仕上がりが格段に変わってきます。ここでは、僕が経験を生かしてたどり着いた、鶏肉をさらにおいしくするための下処理の方法を部位ごとにご紹介します。

＼ 知っておきたい ／
[鶏肉の部位ごとの特徴]

食材について知ることも、おいしい料理を作るために重要なひと手間。味や食感の違いによって、合う料理も変わってきます。まずは部位ごとの特徴をおさらいしておきましょう。

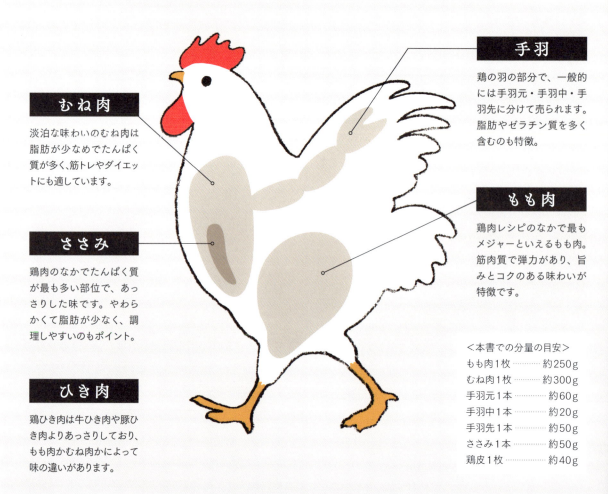

むね肉
淡泊な味わいのむね肉は脂肪が少なめでたんぱく質が多く、筋トレやダイエットにも適しています。

ささみ
鶏肉のなかでたんぱく質が最も多い部位で、あっさりした味です。やわらかくて脂肪が少なく、調理しやすいのもポイント。

ひき肉
鶏ひき肉は牛ひき肉や豚ひき肉よりあっさりしており、もも肉かむね肉かによって味の違いがあります。

手羽
鶏の羽の部分で、一般的には手羽元・手羽中・手羽先に分けて売られます。脂肪やゼラチン質を多く含むのも特徴。

もも肉
鶏肉レシピのなかで最もメジャーといえるもも肉。筋肉質で弾力があり、旨みとコクのある味わいが特徴です。

＜本書での分量の目安＞
もも肉1枚 ……… 約250g
むね肉1枚 ……… 約300g
手羽元1本 ……… 約60g
手羽中1本 ……… 約20g
手羽先1本 ……… 約50g
ささみ1本 ……… 約50g
鶏皮1枚 ………… 約40g

もも肉 THIGH MEAT

もも肉は腱や脂肪を取り除き、厚みを均一にします。
そうすると、火を入れたときに全体がまんべんなく加熱され、
調味料を加えたときの味のつき方にも偏りが生まれません。
ちょっとした下処理で仕上がりが大きく変わります。

下処理

1 もも肉は腱を取り除き、厚い部分に包丁を入れて
できるだけ厚みを均一にする。

余分な脂肪も引っ張って切り取る

2 繊維を断ち切るように縦に細かく切り込みを入れる。

鶏皮の処理
鶏皮は水でよく洗い、ザルに上げて
水分を切ります。硬い筋や脂肪がついていたら
包丁で取り除いてください。

むね肉　BREAST MEAT

むね肉は塩水に漬けることでしっとりとやわらかくなり、加熱したときふかふかに。
「むね肉は硬くてパサつく」というイメージを覆すほどの衝撃を、
たったひと手間で体験できます。
切り込みを入れるのも、加熱したときにやわらかさを保つためです。

下処理

1 水1.5Lに対し精製塩大さじ1を加え、むね肉を漬けて3～4時間おく。

> できればひと晩おくと、よりやわらかく

2 中央に包丁を入れて切り離さないように開く。

3 繊維を断ち切るように縦に細かく切り込みを入れる。

> 開いたむね肉に塩・こしょうで下味をつけたり、小麦粉をまぶしたり

手羽　CHICKEN WINGS

手羽は香味野菜やにんにく、塩とともにマリネし、臭みを取って下味をつけます。
料理によってそのまま使ったり、洗ってから使ったりしますが、
どの料理にも使用OK。手羽元・手羽中・手羽先すべてに共通の下処理です。

下処理

1　手羽、長ねぎの青い部分、潰したにんにく、塩をボウルに入れて全体をもみ込み、30〜40分マリネする。

> マリネ後はこんな感じに

> 長ねぎは手でちぎって加えると簡単

ささみ　CHICKEN FILLET

ささみの筋は加熱したときに肉が縮む原因であり、食べたときの口当たりも悪くなります。
食べても問題はありませんが、硬く見た目も悪くなるので、プロは必ず取り除きます。
余熱を使った低温調理の方法（112ページ）も参照。

下処理

1　白い筋に沿って両側に薄く切り込みを入れ、裏返して筋を包丁で押さえながら手で引っ張って取り除く。

2　1と長ねぎの青い部分、潰したにんにく、酒、塩をボウルに入れて全体をもみ込み、30〜40分マリネする。

13

Part.1
もも肉
THIGH MEAT

ジューシーな旨みが口いっぱいに弾けるスペシャリテや唐揚げ。とっておきから定番まで、笑顔間違いなしの絶品レシピ！ビタミンB_2、ビタミンKも含み、おいしく健康も叶えます。

パリパリに焼いたもも肉の至高の一皿。
オリーブオイルに混ぜた
にんにくの香りが食欲をそそります。

とっておきのごちそうレシピ
ルッカ スペシャリテ チキンロースト

材料・1〜2人分

鶏もも肉 …… 1枚
ミックスリーフ …… 適量
マッシュルーム …… 2個
トマト …… 小1個
グリーンオリーブ、ブラックオリーブ …… 各適量
にんにく …… 1/2かけ
ローズマリー …… 1/3本
塩、黒こしょう …… 各適量
オリーブオイル …… 小さじ1
レモン …… 1/2個
A [にんにく、ローズマリー、タイム …… 各適量
    オリーブオイル …… 適量]
イタリアンパセリ（みじん切り）…… 適量

作り方

① ミックスリーフは水につけて冷蔵庫で5〜10分おく。マッシュルームはスライスし、トマトはくし形切りにする。オリーブは半分に切る。

② もも肉は縦に細かく切り込みを入れて**塩、黒こしょうを振り**、軽く手で押しつける。

> 塩を振るときは皮面3：裏面7の割合で

③ にんにくは薄切りにし、ローズマリーは細かく切って、②の身と皮の間にまんべんなく詰める。

④ フライパンに皮目を下にして③を入れ、オリーブオイルを回しかけて火にかける。皮目が7割焼けたら弱火にする。

⑤ 皮がパリパリに焼けたら上下を返し、フタをせずに弱火のまま7〜8分焼いて火を止め、**余熱で中まで火を通す。**

> パチパチ音が小さくなったら火が通った合図

⑥ 器に①を盛って⑤をのせる。

\# もも肉

❽ ❼を❻にかけ、仕上げにくし形に切ったレモンを飾る。

Chef's Point

ミックスリーフは
お好みの野菜を加えてアレンジOK。
作り方❼で、オリーブオイルに
種を取った赤唐辛子を漬け込んだ
辛味オイルを加えるのもおすすめです。

❼ Aのにんにくは薄切りにし、タイムはみじん切りにする。フライパンにAを入れて熱し、香りが出てきたら塩、イタリアンパセリを加えて混ぜる。

サクサクの衣をまとったもも肉は
見た目からおいしさが伝わるほど。
マスタードの風味を存分に楽しんで。

がっつりおいしい本格チキン
チキンの
マスタードパン粉焼き

材料・2人分

鶏もも肉 …… 1枚
塩、黒こしょう …… 各適量
マスタード、粒マスタード …… 各小さじ1
A ┌ パン粉 …… 大さじ2
　├ イタリアンパセリ（みじん切り）…… 適量
　└ にんにく（みじん切り）…… 小さじ1/2
オリーブオイル …… 大さじ1

作り方

❶ もも肉はできるだけ厚みを均一にし、塩、黒こしょうを両面に振る。

❷ フライパンにオリーブオイルをひいて強火で熱し、❶の皮目を下にして焼く。皮目が7割焼けたら上下を返し、弱火にしてさらに焼く。

❸ ❷を取り出して皮目にマスタードと粒マスタードを混ぜたものをまんべんなく塗り、混ぜ合わせたAをまぶしてオーブントースターで表面に焼き色がつくまで焼く（写真A）。

❹ お好みでひと口大に切って素揚げにしたじゃがいもとイタリアンパセリ（各分量外）を添える。

A

Chef's Point

辛さが苦手な方や子どもが食べる場合は、
マスタードの代わりにトマトケチャップでもOK。

最強ソースでごはんが進む！
鶏の唐揚げ アイオリソース

材料・作りやすい分量

鶏もも肉 …… 2枚
A ┌ 酒、しょうゆ …… 各大さじ3
　├ しょうが(すりおろし)、にんにく(すりおろし)
　└ 　…… 各小さじ1
片栗粉、揚げ油 …… 各適量
セロリ、レモン、イタリアンパセリ …… 各適量

【アイオリソース】
マヨネーズ …… 大さじ1
にんにく(すりおろし)、
　イタリアンパセリ(みじん切り) …… 各適量

作り方

① もも肉はぶつ切りにしてボウルに入れ、Aを加えて混ぜ合わせる(写真A)。5分ほど漬けて取り出し、片栗粉をまぶす。

② フライパンに**揚げ油を入れて180℃に熱し**、①を弱火で2〜3分揚げる。強火にしてさらに4〜5分揚げ、バットに取り出す。

> 揚げ油を熱し、小さい泡が出てきたら180℃の目安。揚げるときは動かさない

③ 器に斜め薄切りにしたセロリを盛り、②をのせてくし形切りにしたレモン、イタリアンパセリ、混ぜ合わせたアイオリソースを添える。

A

鶏肉を大きめに切って食べごたえ◎。
おかずにもお酒のお供にもぴったりで
飽きずにいくつでも食べられます。

もも肉のジューシーな旨みと
しょうがの香りが口いっぱいに。
リピート必至の絶品レシピです。

はちみつでまろやかさをプラス
もも肉のしょうが焼き

材料・1枚分

鶏もも肉 …… 1枚
なす …… 1/2本
塩 …… 適量
しょうが(すりおろし) …… 大さじ1と1/2
玉ねぎ(すりおろし) …… 1/4個分
はちみつ …… 大さじ1
酒、しょうゆ、みりん …… 各小さじ2
サラダ油 …… 大さじ1

作り方

❶ もも肉は両面に軽く塩を振る。なすは乱切りにする。

❷ 酒、しょうゆ、みりんを小鍋に入れて煮詰め、しょうが、玉ねぎ、はちみつを加えて混ぜ合わせる。

❸ フライパンにサラダ油をひいて熱し、もも肉を皮目から入れ、なすを加えて焼く(写真**A**)。**火が通ったらなすを取り出し**、もも肉は裏返して両面焼く。

> 火が通りやすいなすを先に取り出すのがポイント

❹ ❸に❷を加えて煮絡め(写真**B**)、食べやすい大きさに切って器に盛り、なすとお好みで新しょうが(分量外)を添える。

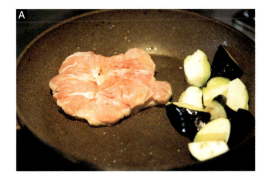

もも肉

味つけはアレを入れるだけ！
イタリアン鶏肉じゃが

材料・2人分

鶏もも肉 …… 250g
じゃがいも …… 2個
オリーブオイル …… 大さじ1
ローズマリー（あれば）…… 適量
砂糖 …… 大さじ1
酒 …… 大さじ3
水 …… 約500ml
焼肉のたれ …… 大さじ4
トマト …… 1個
粗びき黒こしょう …… 少々

作り方

❶ もも肉は食べやすい大きさに切る。じゃがいもは芽を取り、皮のまま食べやすい大きさに切って、もも肉とともにフライパンに入れる。トマトはくし形切りにする。

❷ ❶のフライパンにオリーブオイルとあればローズマリーを加えて強火にかける。もも肉とじゃがいもに火が通ったら**砂糖を加え、少し焦げ目がついたら弱火にする。**

> 焦げ目をつけてキャラメリゼに

❸ ❷に**酒、水の順に加え、強火で煮詰める**（写真Ⓐ）。

> 水の量はフライパンの中の具材がひたひたになるくらいまで

❹ 煮立ったら中火にしてアクを取り、焼肉のたれを加える（写真Ⓑ）。さらにトマトを加え、**水気がなくなるまで煮詰める。**

> 照りが出て、じゃがいもに竹串がスッと通ればOK

❺ ❹を器に盛り、粗びき黒こしょうとお好みでオリーブオイル（分量外）をかける。

Chef's Point

砂糖はコクがあり、
香ばしく甘さ控えめな三温糖がおすすめ。
焦らずじっくり水気がなくなるまで煮詰めることで
旨みが凝縮します。

市販の調味料でプロの味を簡単に再現できます。トマトを加えてイタリアン風味の肉じゃがに。

フライパンひとつで作れる
チキンのカポナータ

材料・2〜3人分

鶏もも肉 …… 250g
トマト …… 2個
なす …… 1本
玉ねぎ …… 1/2個
ピーマン …… 2個
マッシュルーム …… 1個
にんにくオイル、トマトケチャップ
　　…… 各小さじ2
塩 …… 適量
黒こしょう …… 少々
オリーブオイル …… 適量

Chef's Point

お好みでパセリを振っても◎。
にんにくオイルは
みじん切りしたにんにくを
オリーブオイルに5日ほど
漬けるだけで作れます。

作り方

❶ 玉ねぎは1cm幅のくし形切りにし、トマトはひと口大に切る。なすはヘタを取ってひと口大に切り、ピーマンは縦半分に切ってヘタと種を取り、乱切りにする。マッシュルームは薄切りにする。

❷ フライパンに玉ねぎ、なす、ピーマン、マッシュルームを入れて塩を振り、オリーブオイルを回しかけて火をつける。

❸ ❷にある程度火が通ったら具材を端に寄せてあいたところにオリーブオイル大さじ2をひき、塩、黒こしょうで下味をつけたもも肉を皮目から焼く。

❹ 肉の両面に焼き色がついたら先に取り出して食べやすい大きさに切る。フライパンにトマト、トマトケチャップ、にんにくオイルを加えて落としブタをし、弱火で5分加熱する。

❺ ❹のフタを取って水分を飛ばしてから器に盛り(写真 A)、もも肉をのせてオリーブオイルを回しかける。

A

#もも肉

野菜たっぷりで健康的!
彩りもよく、パーティーなどの
おもてなしにもよく映えます。

おかわりしたくなること間違いなし！
たくさん作って最後の一滴まで
しっかり味わい尽くしましょう。

具材の旨みがたっぷり溶け出す
具だくさん
ミネストローネ

Chef's Point

アンチョビとオレガノは相性ばっちり！
豆を加えるのもおすすめです。

材料・作りやすい分量

鶏もも肉 …… 1枚
塩、黒こしょう
　…… 各適量
玉ねぎ …… 1/2個
パプリカ …… 1/2個
にんじん …… 1本
セロリ …… 1/2本
さつまいも …… 小1本
じゃがいも …… 1個
オリーブオイル
　…… 大さじ2
アンチョビ …… 4本
にんにく（みじん切り）
　…… 小さじ1
ローリエ …… 2枚
ドライオレガノ（あれば）
　…… 適量
水 …… 1L
チキンコンソメ（顆粒）
　…… 大さじ1
トマトソース …… 大さじ4

作り方

❶ もも肉は小さめのひと口大に切り、塩、黒こしょうを振る。玉ねぎ、パプリカ、にんじん、セロリ、さつまいも、じゃがいもは1.5cm角に切る。アンチョビはみじん切りにする。

❷ 鍋にオリーブオイルをひいて熱し、にんにくを入れて炒め、❶を加えてよく炒める。

❸ ❷に水、ローリエ、チキンコンソメ、オレガノを加えてアクを取りながら煮込み、トマトソースを加えて塩、黒こしょうで味を調える。

じっくり煮込んで旨み濃厚
もも肉のカチャトーラ

材料・2人分

鶏もも肉 …… 1枚
塩、黒こしょう …… 各適量
小麦粉 …… 適量
オリーブオイル …… 適量
アンチョビ …… 2本
米酢 …… 50ml
白ワイン …… 70ml
水 …… 100ml
トマトソース …… 大さじ2
ケッパー（酢漬け）…… 小さじ1
ブラックオリーブ …… 8個
イタリアンパセリ（みじん切り）…… 適量

作り方

1. もも肉はひと口大に切り、塩、黒こしょうを振って小麦粉をまぶす。アンチョビは細かく刻み、ブラックオリーブは半分に切る。

2. フライパンにオリーブオイル大さじ3を入れて熱し、❶のもも肉を皮目から焼く。両面に焼き色がついたら白ワイン、米酢を加えて煮詰める。

3. ❷に水、トマトソース、アンチョビ、ケッパー、ブラックオリーブを加えてさらに煮込む。

4. ❸にイタリアンパセリを加えて混ぜ、器に盛ってオリーブオイルを回しかける。

アンチョビや白ワインで醸し出される複雑な旨みに食べる手が止まりません。パンと一緒に食べるのもおすすめ。

もも肉

鯖の味噌煮の鶏バージョン。下味不要ですぐに作れるのも嬉しいポイントです。

こってり味噌味が癖になる
かおちゃんの鶏味噌

材料・2人分

鶏もも肉 …… 1枚
A ┬ 酒、みりん、砂糖
　│　…… 各大さじ1
　├ 味噌 …… 大さじ1/2
　└ 水 …… 100ml
サラダ油 …… 大さじ1
長ねぎ …… 適量
白炒りごま …… 適量

作り方

① もも肉はひと口大に切る。長ねぎは芯を除いて白髪ねぎにし、芯は食べやすい大きさに切る。

② フライパンにサラダ油をひいて熱し、もも肉、長ねぎの芯を入れて両面焼き、余分な脂をペーパータオルで拭き取る。

③ ②に混ぜ合わせたAを加え、強火にして水分がなくなるまで煮詰める。

④ ③を器に盛り、白髪ねぎをのせて白炒りごまを飾る。

Chef's Point
お好みで大根を入れるのもおすすめです。

もも肉

簡単に作れる炒め物レシピ。パプリカと鶏肉、ピーナッツの色合いも鮮やかで華やかです。

ピーナッツが香ばしい！
鶏肉とパプリカのピーナッツ炒め

材料・2人分

- 鶏もも肉 …… 1枚(200g)
- 赤パプリカ …… 1個
- 玉ねぎ …… 1個
- ピーナッツ …… 30g
- 塩 …… 適量
- 酒 …… 大さじ2
- 小麦粉 …… 小さじ2
- サラダ油 …… 大さじ4

A
- オイスターソース、水 …… 各大さじ3
- 酒 …… 大さじ2
- 鶏がらスープの素（顆粒）、砂糖 …… 各小さじ2
- しょうが（すりおろし） …… 小さじ1
- しょうゆ …… 少々

作り方

① もも肉は小さめのひと口大に切り、塩、酒、小麦粉をもみ込む。パプリカ、玉ねぎは小さめのひと口大に切る。

② フライパンにサラダ油をひいて熱し、①のもも肉を入れて炒め、焼き色がついたらパプリカ、玉ねぎを加えてさらに炒める。

③ ②にピーナッツ、混ぜ合わせたAを加えてサッと炒める。

北京時代の思い出の味
鶏肉となすとセロリの中華炒め

材料・2人分

鶏もも肉 …… 1/2枚

A ┌ 酒、しょうゆ …… 各大さじ2
　└ 豆板醬（トウバンジャン）…… 小さじ1/2

なす …… 1本

セロリ …… 1本

サラダ油 …… 大さじ3

鶏がらスープの素（顆粒）…… 小さじ1

ポン酢しょうゆ …… 大さじ1

作り方

1. もも肉は小さめのひと口大に切り、Aを加えてもみ込む。なすは5mm厚さの半月切りにする。セロリは筋を取って縦半分に切り、斜め薄切りにする。

2. フライパンにサラダ油をひいて熱し、❶のもも肉を入れて炒める。出てきた汁は別の器に取っておく。

3. ❷になすを加えて炒め、しんなりしたらセロリ、❷の汁、鶏がらスープの素、ポン酢しょうゆを加えてサッと炒める。

豚肉で作ることが多いレシピを鶏肉にアレンジ。ポン酢が味の爽やかさを演出します。

カラフルで見た目も楽しい
彩り野菜の ショートパスタ

材料・2〜3人分

鶏もも肉 …… 1/2枚
にんじん …… 50g
玉ねぎ …… 1/2個
ピーマン …… 1個
さつまいも …… 小1本
にんにく（みじん切り）…… 小さじ1
お好みのショートパスタ …… 70g
オリーブオイル …… 大さじ2
チキンコンソメ（顆粒）…… 小さじ1
塩、黒こしょう …… 各適量
岩塩 …… 水1Lにつき10g

作り方

❶ もも肉は小さめのひと口大に切り、にんじん、玉ねぎ、ピーマン、さつまいもは1cm角に切る。

❷ 鍋に湯を沸かして岩塩を入れ、パスタとにんじんをゆでる。ゆで上がる2分ほど前にさつまいもを加える。

❸ フライパンにオリーブオイル、にんにくを入れて熱し、もも肉、玉ねぎ、ピーマンを加えて炒める。

❹ ❸に❷とチキンコンソメを加えて炒め合わせ、塩、黒こしょうで味を調える。

食卓が明るくなるような彩りに心が弾みます。根菜をパスタと一緒にゆでることで時短にも◎。

#もも肉

具材と調味料のバランスが絶妙！
難しい材料も技も必要ない、
定番にしたいレシピです。

止まらない禁断のおいしさ
ジャポネ風パスタ

材料・2人分

鶏もも肉 …… 1/2枚
塩、黒こしょう …… 各適量
しめじ …… 1/2パック
長ねぎ …… 1/2本
青じそ …… 3枚
パスタ …… 160g
岩塩 …… 水1Lにつき10g
オリーブオイル …… 大さじ3
酒 …… 大さじ3
白だし …… 大さじ1
白炒りごま …… 大さじ1

作り方

❶ もも肉は小さめのひと口大に切り、塩、黒こしょうを振る。しめじは石づきを切り落として小房に分け、長ねぎは斜め薄切りにする。青じそはみじん切りにする。

❷ 鍋に湯を沸かして岩塩を入れ、パスタをゆでて袋の表示時間の30秒前に取り出す。

❸ フライパンにオリーブオイルをひいて熱し、❶のもも肉、しめじ、長ねぎを炒める。

❹ ❸に❷、酒、白だしを加えて絡め、白炒りごまと青じそを加えて混ぜる。

Chef's Point

パスタをゆでるときには岩塩がおすすめ。
他の塩よりまろやかに仕上がります。

ゴロゴロ入った鶏肉が嬉しい
桝谷流チキンライス

材料・2人分

- ごはん …… 茶碗2杯
- 鶏もも肉 …… 150g
- しいたけ …… 2枚
- 玉ねぎ …… 1/2個
- にんにく(みじん切り) …… 小さじ1
- トマトケチャップ …… 大さじ2
- バター …… 10g
- チキンコンソメ(顆粒) …… 小さじ1
- オリーブオイル …… 適量
- 塩 …… 少々
- イタリアンパセリ(お好みで) …… 適量

作り方

1. もも肉はひと口大に切り、塩を振ってなじませる。玉ねぎはみじん切りにする。しいたけは軸を取って粗みじん切りにする。

2. フライパンにもも肉とオリーブオイル小さじ1を入れて火をつけて炒める。

3. ❷に玉ねぎを加えて弱火にして炒める。しいたけ、にんにく、**ごはんを加え、中火にして炒め**、バターを加える。
   > ごはんは縦に切るように混ぜる

4. ごはんと具材が混ざったら**火を止めてチキンコンソメとトマトケチャップを加え**、再度火をつけて炒める。
   > トマトケチャップを加えるときは火を止める

5. ❹を器に盛り、お好みでイタリアンパセリを添え、みじん切りにしたものをごはんの上に振る。

いつものチキンライスがシェフの技でワンランク上のおいしさに。バターの風味が豊かです。

#もも肉

市販の根菜ミックスを使った
家庭でも作りやすい一品です。
具材を炒めるひと手間がポイント。

ほっと温まるやさしい味わい
根菜の鶏汁

材料・2～3人分

鶏もも肉 …… 1/2枚
根菜ミックス …… 150g
サラダ油 …… 大さじ1
水 …… 500ml
和風だしの素（顆粒）…… 大さじ1
白味噌 …… 大さじ2
小ねぎ …… 適量

作り方

❶ もも肉は小さめのひと口大に切る。

❷ 鍋にサラダ油をひいて熱し、❶を入れて炒め、水、根菜ミックス、和風だしの素を加えて煮込む。

❸ 白味噌を溶き入れて器に盛り、小口切りにした小ねぎを飾る。

Chef's Point

根菜ミックスはお好みのもので。
今回の目安はにんじん50g、大根50g、ごぼう30g、こんにゃく20gです。

41

Column.1 鶏皮活用
おかず編

鶏皮はおかずにならないと思ったら大間違い。大人も子どももつい箸が伸びるレシピはリピート間違いなしです。ごはんだけでなくお酒にも合います。

センマイ刺し風
ピーマンと鶏皮の塩昆布和え

材料・2人分

- 鶏皮 …… 2枚
- ピーマン …… 1個
- 塩昆布 …… 10g
- ラー油、酢 …… 各少々
- 白炒りごま …… 適量

Chef's Point
酢は米酢を使用しています。

作り方

① 鍋に湯を沸かし、**鶏皮を入れてしっかりゆでる**。氷水に取ってよく冷やし、取り出して水気を拭いて3mm幅のせん切りにする。

> 鶏皮は長めにゆでて脂を落とす

② ピーマンは半分に切って種を取り、せん切りにする。

③ ②に塩昆布を加えて和え、①、ラー油、酢を加えてさらに和える。器に盛り、白炒りごまを振る。

しっかりゆでて臭みを取り、鶏皮が苦手な方にも食べやすく。塩昆布が旨みを引き立てます。

筑前煮を鶏皮で、しかもパリパリに焼いて使うという驚きレシピ。翌日は味が染みてより美味です。

パリパリの鶏皮が斬新!
こんにゃくと鶏皮の筑前煮風

材料・4人分

- 鶏皮 …… 2枚
- 大根 …… 200g
- にんじん …… 1本
- しいたけ …… 6枚
- 長ねぎ …… 20g
- 玉こんにゃく …… 150g
- 水 …… 500ml
- 酒 …… 70ml
- 和風だしの素(顆粒) …… 小さじ1
- しょうゆ …… 大さじ3
- みりん …… 大さじ2
- ごま油 …… 小さじ1
- いんげん …… 適量

作り方

① フライパンに鶏皮を入れ、カリカリになるまでときどき裏返しながら弱火でじっくりと焼く。

② 大根とにんじんは皮をむいて1.5cm厚さの半月切りにし、しいたけは軸を取って食べやすい大きさに切る。長ねぎは乱切りにする。玉こんにゃくは15分ほど下ゆでする。

③ 鍋に②、水、酒、和風だしの素を入れて火にかけ、アクを取りながら15分ほど煮る。

④ ③にしょうゆ、みりんを加えてさらに15分ほど煮込み、仕上げにごま油を回し入れて混ぜる。

⑤ ④を器に盛って砕いた①をのせ、ゆでて斜め切りにしたいんげんを飾る。

Part.2
むね肉
BREAST MEAT

高たんぱくで低脂肪。
下処理をしっかりすれば
驚くほどしっとり食感に。
1枚を贅沢に使ったミラネーゼや
上級者向けのガランティーヌ、
マスターしたいレシピばかり。

サクサク衣にかじりつく
ミラネーゼ

材料・1枚分

鶏むね肉 …… 1枚（300g）
黒こしょう、小麦粉、溶き卵 …… 各適量
パン粉 …… 100g
粉チーズ …… 大さじ2
トマト …… 1個
塩 …… 適量
米酢 …… 大さじ1
オリーブオイル …… 適量
バター …… 10g
粒マスタード …… 大さじ1
ベビーリーフ …… 適量

作り方

❶ むね肉は皮を取り、黒こしょうを振って小麦粉を薄くはたく（写真 A ）。

❷ ❶を溶き卵にくぐらせて（写真 B ）パン粉と粉チーズを混ぜたものを全体にまんべんなくまぶす（写真 C ）。

❸ トマトは湯むきしてひと口大に切り、塩と米酢でマリネする。

❹ フライパンにたっぷりのオリーブオイルをひいて熱し、❷を入れて両面に焼き色がつくまで揚げ焼きにし、バターを加えて両面にまとわせる。

❺ 器に粒マスタードを敷いて❹を盛りつけ、❸、ベビーリーフを飾り、粉チーズ（分量外）を振る。

Chef's Point

盛りつけの際に器に粒マスタードを敷くことで滑り止めにもなります。

A

B

C

むね肉1枚をそのまま使って
ひと皿で大満足の食べごたえ。
サクサクのミラノ風カツレツです。

味つけは桝谷流・黄金比!
チキン南蛮 バジルマヨソース

材料・2人分

鶏むね肉 …… 200g
サラダ油 …… 大さじ2
小麦粉 …… 適量
卵 …… 1個
A [酒、みりん、しょうゆ、酢、砂糖 …… 各大さじ2]

【バジルマヨソース】
マヨネーズ、バジルペースト …… 各小さじ2
にんにく(すりおろし) …… 少々

バジル(お好みで) …… 適量

作り方

❶ むね肉は**塩水(分量外)にひと晩ほど漬け**、ペーパータオルで水分を拭き取る。繊維に逆らって食べやすい大きさにそぎ切りにし、小麦粉をまんべんなく薄くまぶして溶いた卵にくぐらせる。

> 下処理の詳細は12ページ参照

❷ フライパンにサラダ油をひいて熱し、❶を焼き色がつくまで揚げ焼きにする。上下を返してさらに1〜2分焼き、余分な脂をペーパータオルで拭き取る。

❸ ❷に混ぜ合わせたAを加えて絡ませ、ひと煮立ちさせて(写真A)火を止め、余熱で火を通す。

❹ ❸を器に盛って混ぜ合わせたバジルマヨソースを添え、お好みで素揚げしたバジルを添える。

丁寧な下ごしらえで、むね肉とは思えないプリプリの食感に。お弁当にも使えます。

むね肉をピザ生地代わりにしてヘルシーに。
たんぱく質もしっかり摂れて
罪悪感もゼロ!

生地が鶏肉!? 軽く食べられる
Pizza風

材料・2人分

鶏むね肉 …… 1枚
小麦粉 …… 適量
ピーマン …… 1個
玉ねぎ …… 1/2個
A [トマトソース、トマトケチャップ
　　　…… 各大さじ2
サラダ油 …… 大さじ2
溶けるチーズ …… 大さじ2
粉チーズ …… 適量
イタリアンパセリ(みじん切り)
　　　…… 適量

作り方

❶ むね肉は皮を取って2枚になるようにそぎ切りにし、**縦に細かく切り込みを入れる。**ラップで挟んでめん棒などで薄くなるまで叩き、小麦粉を全体に薄くまぶす。

> 焼いたときに縮まないよう切り込みは必ず入れる

❷ フライパンにサラダ油をひいて熱し、❶を入れて両面焼く。

❸ ピーマンは半月切りにし、玉ねぎは薄切りにする。

❹ ❷を天板にのせて混ぜ合わせたAを塗り、❸、溶けるチーズ、粉チーズをのせて**オーブントースターで焼き色がつくまで焼く。**

> フライパンでもOK。その場合はフタをしてチーズが溶けるまで焼く

❺ 器にオリーブオイル(分量外)を敷いて❹をのせ、イタリアンパセリをふる。

トマトソースと相性抜群!
ピカタ

材料・2人分

鶏むね肉 …… 1/2枚
小麦粉 …… 適量
A ┌ 卵 …… 1個
  │ 粉チーズ …… 大さじ2
  │ イタリアンパセリ（みじん切り）
  └ …… 適量
オリーブオイル …… 大さじ3
トマトソース …… 大さじ3

作り方

❶ むね肉はひと口大のそぎ切りにして小麦粉をまぶし、混ぜ合わせたAにくぐらせる。トマトソースは鍋で煮詰める。

❷ フライパンにオリーブオイルをひいて熱し、❶のむね肉を入れて焼き色がつくまで焼く。

❸ 粉チーズ（分量外）を別のフライパンに入れてカリカリになるまで焼き、チーズチップを作る。

❹ ❶のトマトソースを器に敷き、❷をのせて❸を飾る。

Chef's Point
盛りつけの際、器の下を手のひらで叩くとトマトソースがうまく広がります。

卵に混ぜ込んだパセリの風味がほんのり香る絶品ピカタです。チーズチップで華やかさを添えて。

\# むね肉

非日常を味わえるプロの味をおうちで。手間をかけた分、食べるときの感動もひとしおです。ぜひチャレンジを。

上級者向け本格レシピ
ガランティーヌ

材料・2人分

鶏むね肉 …… 1/2枚
塩、黒こしょう、小麦粉 …… 各適量
玉ねぎ …… 50g
アンチョビ …… 2枚
ブラックオリーブ …… 3個
ケッパー(酢漬け) …… 小さじ1
オリーブオイル …… 適量

【つけ合わせ】
しめじ …… 適量
オリーブオイル …… 適量
バター …… 15g
塩、黒こしょう …… 各適量
コラトゥーラ(またはナンプラー)、
　にんにく(みじん切り)
　　…… 各小さじ1

作り方

❶ 玉ねぎはみじん切りにし、フライパンに入れてオリーブオイルを加え、火にかけて炒める。アンチョビ、ブラックオリーブ、ケッパーもそれぞれみじん切りにする。

❷ むね肉は包丁で切り込みを入れて開き、ラップで挟んでめん棒などで薄くなるまで叩く。塩、黒こしょうを振り、片面に小麦粉をはたく。

❸ ❷の小麦粉をまぶした面に混ぜ合わせた❶を広げ、端からくるくると丸めてラップで包む。さらにアルミホイルで包んで蒸し器で20分ほど蒸し、粗熱を取って冷蔵庫で冷やしておく。

> ラップはキャンディ包みのようにして、端を持って転がすと崩れにくい

❹ フライパンにオリーブオイル、バターを入れて熱し、粗みじん切りにしたしめじ、にんにくを加えてしんなりするまで炒め、塩、黒こしょう、コラトゥーラで味を調える(写真A)。

❺ ❹を器に敷き、食べやすく切った❸を盛る。

コクのあるソースが絶品!
むね肉の オランデーズソース

材料・2人分

鶏むね肉 …… 150g
しいたけ …… 2枚
しめじ …… 適量
赤唐辛子 …… 適量
酒 …… 大さじ2
白ワイン …… 大さじ2
卵黄 …… 1個分
溶かしバター …… 15g
水 …… 大さじ1
塩 …… 少々
酢、オリーブオイル …… 各大さじ1
ディジョンマスタード、粒マスタード …… 各小さじ1

作り方

❶ しいたけは軸を取って半分にそぎ切りにし、しめじは小房に分ける。

❷ 鍋にたっぷりの湯を沸かして酒を加え、沸騰したら❶、唐辛子、むね肉を入れて火を止め、フタをしてそのまま10分ほどおく。

❸ 白ワインと卵黄をボウルに入れて混ぜ、ボウルを湯煎にかけながらとろみがつくまで混ぜる。とろみがついてきたら溶かしバター、水、塩を加えて混ぜる。

❹ ❸のボウルを湯煎から外し、酢、ディジョンマスタードを加えて混ぜ、オリーブオイルを少しずつ加えながらさらに混ぜる。仕上げに粒マスタードを加え、再度混ぜる。

❺ 器に❷のしいたけ、しめじを盛って食べやすく切ったむね肉をのせ、❹をかけてバーナーであぶる(写真A)。

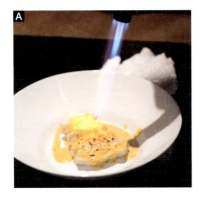

むね肉の新しい顔に出合えます。
2種類のマスタードがソースに
深みを加え、次のひと口への誘いを。

オイスターソースが味の決め手
鶏チャーシュー

しっかり味が染み込んだむね肉をじっくり蒸してやわらかく。白髪ねぎとからしがよく合います。

材料・2人分

鶏むね肉 …… 150g
A ┌ しょうゆ …… 大さじ3
　│ 酒 …… 大さじ2
　│ 砂糖、酢、みりん、
　│ オイスターソース
　│ 　…… 各大さじ1
　│ 長ねぎ（青い部分）、
　│ しょうが、にんにく
　└ 　…… 各適量
白髪ねぎ、からし …… 各適量

作り方

❶ Aの長ねぎはちぎり、しょうがは薄切りにし、にんにくは潰す。Aを混ぜ合わせて**むね肉を1時間以上漬け込む。**

> ジッパーつき保存袋などを使うと簡単

❷ 耐熱の器に❶を漬け汁ごと入れ、ラップをして蒸し器で20分ほど蒸す。

❸ ❷を食べやすく切って器に盛り、白髪ねぎとからしを添える。

シェフのセンスが光る組み合わせ。仕上げのこしょうが効いていてなんとも癖になるおいしさです。

身近な食材で酸辣湯(サンラータン)風!
むね肉ときゅうりとトマトのスープ

材料・2人分

鶏むね肉 …… 150g
水 …… 400ml
A ┌ 酒 …… 大さじ2
  │ 鶏がらスープの素(顆粒) …… 大さじ1
  │ 白だし …… 小さじ1
  │ 長ねぎ(青い部分) …… 適量
  └ しょうが(スライス) …… 適量
トマト …… 1個
きゅうり …… 1/2本(縦半分)
ごま油 …… 小さじ1
白炒りごま …… 大さじ1
黒こしょう …… 適量

作り方

❶ 鍋に水とAを入れて火にかけ、沸騰したらむね肉を加えて火を止め、フタをしてそのまま冷めるまでおく。

❷ トマトはくし形切りにし、きゅうりは斜め薄切りにする。

❸ ❶のむね肉をいったん取り出して手でざっくりと裂き、鍋に戻し入れる。長ねぎとしょうがは取り除く。

❹ ❸の鍋に❷を加えてサッと煮立て、ごま油と白炒りごまを加える。

❺ ❹を器に盛り、黒こしょうを振る。

むね肉

幅広麺と具材の食感を楽しむ
鶏とブロッコリーのパッパルデッレ

材料・2人分

鶏むね肉 …… 120g
ブロッコリー …… 200g
玉ねぎ …… 1/2個
オリーブオイル …… 適量
白ワイン、生クリーム
　…… 各大さじ6
粉チーズ …… 適量
パスタ（パッパルデッレ）
　…… 160g
岩塩 …… 水1Lにつき10g
黒こしょう …… 適量

作り方

① むね肉はひと口大に切り、玉ねぎは薄切りにする。ブロッコリーは小房に分ける。

② フライパンにオリーブオイル大さじ2をひいて熱し、むね肉、玉ねぎを入れて炒める。白ワインを加えて煮立たせ、生クリームを加える。

③ 鍋に湯を沸かして岩塩を入れ、パスタをゆでて袋の表示時間の30秒前に取り出す。ゆで上がり1分前にブロッコリーを加えて一緒にゆでる。

④ ②のフライパンに③を加え、粉チーズ大さじ4を振り入れて混ぜる。

⑤ ④を器に盛ってオリーブオイルをかけ、粉チーズ、黒こしょうを振る。

幅広の麺にソースがよく絡んで極上の食べごこち。むね肉とブロッコリーの共演を楽しんで。

Chef's Point
パスタはフェットチーネでも。太めがおすすめです。

#むね肉

むね肉と梅と青じそで
さっぱり食べられる定番のレシピ。
小ねぎで見た目の彩りも素敵です。

間違いないおいしさの和風パスタ
梅と青じそのパスタ

材料・2人分

鶏むね肉 …… 120g
お好みのきのこ …… 20g
青じそ …… 6枚
パスタ …… 160g
オリーブオイル …… 大さじ2
にんにく（みじん切り）…… 小さじ2
水 …… 140ml
梅干し …… 4個
和風だしの素（顆粒）…… 小さじ2
岩塩 …… 水1Lにつき10g
小ねぎ（小口切り）…… 適量

作り方

❶ むね肉はひと口大に切り、きのこはほぐす。青じそはみじん切りにする。梅干し2個の種を取って包丁で細かくなるまで叩く。

❷ フライパンにオリーブオイル、にんにくを入れて熱し、むね肉ときのこを加えて炒める。さらに水と和風だしの素、❶の梅干しを加えて煮立てる。

❸ 鍋に湯を沸かして岩塩を加え、パスタをゆでて袋の表示時間の30秒前に取り出す。

❹ ❷のフライパンに❸と青じそを加えて和える。

❺ ❹を器に盛り、梅干しと小ねぎを飾る。

Chef's Point
梅干しははちみつ漬けなど甘めのものがおすすめ。

サクサクのガーリックトーストに
たれをたっぷり絡めたむね肉。
こってり味にやみつきのサンドです。

市販のたれで最強の味に
照り焼きサンド

材料・1個分

鶏むね肉 …… 1/2枚（150g）

A ┌ オイスターソース、焼肉のたれ、
　│ 　トマトケチャップ
　└ 　　…… 各大さじ1

オリーブオイル …… 大さじ1
パン …… 2枚
バター、にんにく（すりおろし）…… 各適量
キャベツ（せん切り）…… 適量
マヨネーズ、黒こしょう …… 各適量

作り方

❶ フライパンにオリーブオイルをひいて熱し、むね肉を入れる。**表面が白っぽくなったらいったん取り出して**5等分にスライスする。

> この段階では中まで火が通っていなくてOK

❷ **❶を再びフライパンに戻し、Aを加えて絡め**ながらサッと煮込む。

> 半生の状態から再び焼いてたれを絡めることでやわらかく！

❸ パンにバターとにんにくを混ぜたものを塗り、トースターで焼き目がつくまで焼く。

❹ ❸にマヨネーズを絞ってキャベツを盛り、❷をのせて黒こしょうを振り、もう1枚のパンで挟む。

Chef's Point

焼肉のたれを使うことで
簡単に照り焼きソースが作れます。
ガーリックトーストにするひと手間で、
ワンランク上のおいしさに。
ごはんにのせて照り焼き丼にするのも◎。

\#むね肉

#むね肉

市販品活用でお手軽に！
サラダチキン
アレンジレシピ4選

具材の食感が楽しい
スパニッシュ
オムレツ

サラダチキンとピーマンで食べごたえばっちり◎。粉チーズをたっぷり振りかけて。

材料・20cmフライパン1個分

サラダチキン …… 100g
ピーマン …… 1/2個
卵 …… 5個
牛乳 …… 大さじ1
粉チーズ …… 大さじ2
塩、黒こしょう …… 各適量
オリーブオイル …… 大さじ2

作り方

① サラダチキンは食べやすい大きさにほぐし、ピーマンは7mm角に切る。

② ボウルに卵を割り入れ、牛乳、粉チーズ、塩、黒こしょうを加えて混ぜ、①を加えてさっくり混ぜる。

③ 20cmのフライパンにオリーブオイルをひいて熱し、②を流し入れて半熟状になるまで混ぜ、フタをして中まで火を通す。

④ ③を器に盛って粉チーズ（分量外）をたっぷり振る。

Chef's Point
ピーマンの代わりにズッキーニもおすすめ。
お好きな具材を加えてください。

#むね肉

サラダチキンを使ってサッと作れる簡単レシピ。おかずにはもちろん、つまみがもう一品欲しいときにも。

食べたいときにすぐできる
白切鶏（パイセイチィ）

材料・2人分

- サラダチキン …… 100g
- 長ねぎ …… 1/2本
- 小ねぎ …… 2本
- A
  - 塩、黒こしょう …… 各適量
  - 酒、みりん …… 各大さじ3
  - 酢 …… 大さじ2
- ピーナッツオイル …… 大さじ6

作り方

1. サラダチキンは食べやすい大きさにほぐす。長ねぎはみじん切り、小ねぎは小口切りにしてAと一緒にボウルに入れる。

2. フライパンにピーナッツオイルを入れて煙が出るまで熱し、❶のボウルに加える。さらにサラダチキンを加えて全体を和え、器に盛る。

Chef's Point

ピーナッツオイルはくせのない油なら何にでも変更OKです。
熱した油をかけることでサラダチキンの臭み取りにも。

#むね肉

酒を加えて深みをプラス
サラダチキンとキャベツのスープ

材料・2人分

サラダチキン …… 50g
キャベツ …… 100g
A ┌ 水 …… 500ml
　├ 酒 …… 大さじ2
　├ 鶏がらスープの素（顆粒）、
　└ 　白だし …… 各大さじ1
黒こしょう …… 適量

作り方

❶ サラダチキンは食べやすい大きさにほぐし、キャベツはせん切りにする。

❷ 鍋にAを入れて煮立たせ、❶を加えてサッと煮る。

❸ ❷を器に盛り、黒こしょうを振る。

Chef's Point

市販のカットキャベツを使えばさらにお手軽に。

シンプルな仕上がりなのに食べたあとには満足感が残ります。黒こしょうで味を引き締めて。

青じそでさっぱり爽やか
かおちゃんのとろろチキン丼

とろろとチキンでヘルシー！
仕上げに散らしたごまの風味が
さらに食欲をそそります。

材料・2人分

サラダチキン …… 100g
長いも（または大和いも）
　　　…… 140g
青じそ …… 4枚
めんつゆ（3倍濃縮）…… 大さじ2
ごはん …… 茶碗2杯
白炒りごま …… 適量

作り方

① サラダチキンは2cm角に切り、青じそは粗みじん切りにして、合わせてめんつゆを絡める。

② 茶碗にごはんを盛ってすりおろした長いもをのせ、①を盛る。仕上げに白炒りごまを散らす。

Chef's Point

ちぎったのりを散らすのもおすすめ。

Column.2 鶏皮活用
ごはん編

見た目や食感から何かと敬遠されがちな鶏皮も、アイデア次第で主役級の一品に大変身。パリパリ食感にやみつきになるごはんレシピをお試しあれ。

カレー粉でワンランク上の味に
鶏皮カレーピラフ

材料・2人分

- 鶏皮 …… 1枚
- 赤玉ねぎ …… 1/4個
- しいたけ …… 1枚
- ピーマン …… 1/2個
- ごはん …… 茶碗2杯
- オリーブオイル …… 少々
- バター …… 15g
- A
  - 塩・こしょう …… 各適量
  - カレー粉 …… 小さじ1/4
  - 中華だしの素（顆粒） …… 小さじ1
- イタリアンパセリ（みじん切り） …… 適量

作り方

1. フライパンに鶏皮を入れ、カリカリになるまでときどき裏返しながら弱火でじっくりと焼く。
2. 赤玉ねぎ、軸を取ったしいたけ、ピーマンは粗みじん切りにする。
3. フライパンを熱してオリーブオイルとバターを入れる。バターが溶けたら❷を加えて炒め、しんなりしたらごはんを加えてさらに炒める。
4. ❸にAを加えて味を調え、砕いた❶を加えてサッと混ぜる。
5. ❹を器に盛り、イタリアンパセリを振る。

Chef's Point
鶏皮は弱火でじっくり焼くのがポイント。至高のパリパリ食感を楽しんで。

> 焼くだけなのに揚げたようなパリパリ感。ジューシーな旨みとカレーの香りが食欲をそそります。

鶏皮を加えて満足感たっぷり。
食感もアクセントになって
最後のひと口までおいしく。

冷めてもおいしい
鶏皮炊き込みごはん

Chef's Point
砂糖は三温糖がおすすめ。
コクや深みがプラスされます。

材料・作りやすい分量

鶏皮 …… 1枚
にんじん …… 50g
ごぼう …… 50g
※にんじん・ごぼうは市販のカット済みのものを使用

A ┌ 酒、しょうゆ、みりん …… 各70ml
　├ 砂糖 …… 大さじ1
　└ 和風だしの素（顆粒）…… 小さじ1

ごはん …… 茶碗2杯
飾り用野菜（いんげんやきぬさやなど）
　…… 適量

作り方

❶ フライパンに鶏皮を入れ、カリカリになるまでときどき裏返しながら弱火でじっくりと焼く。

❷ 小鍋ににんじん、ごぼう、Aを入れて煮汁が少なくなるまで煮る。

❸ ボウルに温かいごはんを入れて❷を70g加えて混ぜ、器に盛る。
　　お好みで❷の煮汁も一緒に加える

❹ ❶をせん切りにして❸にのせ、ゆでた飾り用野菜をのせる。

Part.3
ひき肉

MINCED MEAT

あんかけ煮にミートソースや水餃子。鮮やかなレシピの魔法で和洋中どんな料理にも大変身。脂の旨みを感じるならもも肉、あっさりヘルシーならむね肉、お好みの部位のひき肉を選んで。

青じそ香る和風ソースを敷いて
ハンバーグ

材料・2人分

鶏ひき肉 …… 200g
玉ねぎ …… 1/2個
オリーブオイル …… 大さじ3
卵 …… 1個
絹ごし豆腐 …… 50g
小麦粉 …… 小さじ1
塩、黒こしょう …… 各適量
大根 …… 1/4本（150g）
しいたけ …… 2枚
水 …… 80ml
ポン酢しょうゆ …… 大さじ3
青じそ …… 2枚

【水溶き片栗粉】
片栗粉、水 …… 各適量

作り方

❶ 玉ねぎはみじん切りにしてフライパンに入れ、オリーブオイル大さじ2を加える。**火にかけて炒め**、粗熱を取る。

> 玉ねぎはしんなりして水分がなくなるまで炒める

❷ ボウルにひき肉、卵、豆腐、小麦粉、❶、塩、黒こしょうを入れてよく混ぜ、2等分して成形する。

❸ フライパンにオリーブオイル大さじ1/2をひいて熱し、❷を入れて中に火が通るまで焼く。

❹ 大根はすりおろして水気を切り、しいたけは軸を取って薄切りにする。青じそはみじん切りにする。

❺ フライパンに❹のしいたけを入れてオリーブオイル大さじ1/2を加える。火にかけて炒め、水、ポン酢しょうゆ、大根おろしを加えて煮立てる。水溶き片栗粉でとろみをつけ、青じそを加えて全体を混ぜる。

❻ 器に❺を広げ、❸をのせて仕上げにオリーブオイル（分量外）をかける。

Chef's Point

青じそは刻んで香りを出します。
ソースは上にかけるのではなく、下に敷くと目新しさが。

ひき肉

豆腐を加えてボリュームUP。
和風ソースに混ぜた青じそが
食べるたび豊かに香ります。

かわいらしいまんまるな形を
たっぷりの粉チーズで飾りつけ。
揚げたてほくほくのうちにぜひ。

お弁当にも！まんまる楽しい
コロッケ

材料・2人分

- 鶏ひき肉 …… 50g
- じゃがいも …… 200g
- 塩、黒こしょう …… 各適量
- オリーブオイル、マヨネーズ …… 各小さじ1
- ナツメグ …… 少々
- 玉ねぎ（みじん切り）…… 大さじ1
- オイスターソース …… 小さじ1
- 小麦粉、溶き卵、パン粉 …… 各適量
- 揚げ油 …… 適量
- キャベツ（せん切り）、粉チーズ …… 各適量

Chef's Point

じゃがいもはできるだけ熱々のうちに調味料を加えると、味がなじみやすくなります。

作り方

1. じゃがいもは皮のままラップで包み、**電子レンジで6分ほど加熱する**。皮をむいて潰し、裏ごしして塩と黒こしょうを振って全体を混ぜる。
   （加熱時間は様子を見ながら調節を）

2. フライパンにオリーブオイル、ひき肉、玉ねぎを入れ、火にかけて炒め、塩、黒こしょう、オイスターソースを加えてサッと炒める。

3. ❶に❷、マヨネーズ、ナツメグを加えて混ぜる。

4. ❸を5等分して丸め、それぞれ小麦粉、溶き卵、パン粉の順につけ、**180℃に熱した油で揚げ、バットに取って油を切る**（写真Ⓐ）。
   （ときどき転がしながら全体を加熱）

5. 器にキャベツをのせて❹を盛り、粉チーズを振る。

ひき肉

ソースはトマト缶を使ってお手軽に。鶏ひき肉の旨みを凝縮したおかわり必至の絶品肉団子です。

Chef's Point
「ポルペッティ」はイタリアの肉団子のこと。70ページのハンバーグだねの1/2量で作れます。トマトソースと水は、トマト水煮200mlを潰して使ってもOK。

ピリ辛ソースが食欲そそる
ポルペッティ アラビアータ

材料・2人分

鶏ひき肉 …… 100g
玉ねぎ …… 1/4個
卵 …… 1個
絹ごし豆腐 …… 25g
小麦粉 …… 小さじ1
塩、黒こしょう …… 各適量
トマトソース、水 …… 各100ml
揚げ油 …… 適量
塩、黒こしょう …… 各適量
辛味オイル …… 10ml
※オリーブオイルに種を取った赤唐辛子を漬け込んだもの
イタリアンパセリ（みじん切り）…… 適量
オリーブオイル …… 適量

作り方

❶ 玉ねぎはみじん切りにしてフライパンに入れ、オリーブオイル大さじ2を加える。火にかけて炒め、粗熱を取る。

❷ ボウルにひき肉、卵、豆腐、小麦粉、❶、塩、黒こしょうを入れてよく混ぜ、5等分に分けて丸め、180℃に熱した油で揚げる。

❸ フライパンに❷、トマトソース、水を加えて煮込み、塩、黒こしょう、辛味オイルで味を調える。

❹ ❸を器に盛り、オリーブオイルをかけてイタリアンパセリを振る。

こんがりチーズがおいしい
ズッキーニの肉詰め

鶏ひき肉から出る旨みをズッキーニがやさしく受け止めます。バルサミコ酢で全体を引き締めて。

材料・2人分

鶏ひき肉 …… 70g
ズッキーニ …… 1本

A ┬ 塩、黒こしょう …… 各適量
　├ トマトケチャップ …… 小さじ1
　├ 粉チーズ …… 大さじ2
　├ にんにく（みじん切り）…… 適量
　└ クミン（またはタイム・みじん切り）…… 適量

小麦粉、粉チーズ …… 各適量
バルサミコ酢（お好みで）…… 適量

作り方

1. ズッキーニは縦半分に切ってスプーンで中身をくりぬく。くりぬいた中身は細かく刻む。

2. ボウルにひき肉、ズッキーニの中身、Aを入れて混ぜ、小麦粉をまぶしたズッキーニに詰めて（写真A）**粉チーズをかける。**
   　粉チーズはたっぷりと

3. ❷をオーブントースターで焼き色がつくまで焼いて器に盛り、お好みで器にバルサミコ酢を飾る。

\# ひき肉

食卓華やぐごちそうレシピ
トマトチーズ焼き

材料・作りやすい分量
※できあがりはトマト1個分

鶏ひき肉 …… 300g

A
- 玉ねぎ …… 50g(1/2個分)
- トマトケチャップ …… 大さじ3
- 粉チーズ …… 大さじ2
- カレー粉 …… 小さじ1/2
- 塩、黒こしょう …… 各適量
- クミン、オレガノ、ナツメグ …… 各適量
- にんにく(みじん切り) …… 少々

トマト …… 1個
小麦粉、パン粉 …… 各適量
お好みのチーズ …… 適量
溶けるチーズ …… 適量
オリーブオイル …… 適量

作り方

❶ **A**の玉ねぎはみじん切りにし、**オリーブオイルを加えて炒める。**
> 炒め玉ねぎでコクUP!

❷ ひき肉をボウルに入れ、**A**を加えてよく混ぜる。

❸ トマトは上部1cmほどのところを横に切り、中身をスプーンなどでくりぬいてペーパータオルの上に逆さまにしておき、水気を切る。

❹ ❸の内部に小麦粉をまぶして❷を50〜60g詰め、中心にお好みのチーズを押し込んで上に溶けるチーズ、パン粉を振って180℃に熱したオーブンで20分ほど焼く。

❺ ❹を器に盛ってオリーブオイルをかけ、お好みでローズマリー(分量外)を飾る。

Chef's Point
チーズはタレッジオやモッツアレラなど、お好みの種類を使ってください。中に入れることで食べるときに嬉しい驚きが!

> 丸ごとトマトの中に肉だねを詰めて
> じっくり焼き上げた至高のひと品。
> おもてなしにもぴったりです。

ひき肉

ひき肉を挟んでカリカリに焼き上げたじゃがいもの虜に。切り方もおいしさのコツです。

ザクザク食感がたまらない
じゃがいものカリカリ焼き

材料・21cmフライパン1個分

- じゃがいも …… 1個
- オリーブオイル …… 大さじ3
- バター …… 20g
- 粉チーズ …… 大さじ2
- 肉だね …… 50g

※76ページ作り方1・2参照

作り方

① じゃがいもは皮のまま**できるだけ薄く切り**、さらにできるだけ細いせん切りにする。

　　スライサーを使うと手軽。切ったあと水にさらさないのもポイント

② 21cmのフライパンにオリーブオイル、バターを10g入れて溶かし、いったん火を止め、①の半量を広げてのせる。その上に肉だねをちぎって全体にのせ、粉チーズを振る。

③ ②に残りのじゃがいもを広げてのせ、バター10gをのせて弱火でじっくりと焼き（写真A）、焼き色がついたら**裏返してさらに焼く。**

　　両面がカリカリになるまでじっくりと

④ お好みで塩を振り、器に盛ってローズマリー（各分量外）を飾る。

ひき肉

ひき肉と豆腐の旨みをシンプルな味つけで。刻みねぎの緑とラー油のオレンジ色が映えます。

シンプルなおいしさの和風麻婆
塩麻婆豆腐

材料・作りやすい分量

- 鶏ひき肉 …… 50g
- 木綿豆腐 …… 1/2丁（150g）
- 長ねぎ …… 2/3本
- にんにく …… 1かけ
- ごま油 …… 大さじ1
- 水 …… 200ml
- 白だし …… 大さじ1と1/2
- 和風だしの素（顆粒）…… 小さじ1/2
- 小ねぎ（小口切り）…… 適量
- ラー油（お好みで）…… 適量

【水溶き片栗粉】
- 片栗粉、水 …… 各適量

作り方

❶ 長ねぎはみじん切りにし、にんにくは手のひらで潰して粗みじん切りにする。

❷ フライパンににんにく、ごま油を入れて火にかけ、長ねぎ、ひき肉を加えて炒める。

❸ ❷に水、白だし、和風だしの素を加えて煮立て、豆腐を手で崩しながら加える。サッと煮込み、水溶き片栗粉でとろみをつける。

❹ ❸を器に盛って小ねぎを飾り、お好みでラー油をかける。

ひき肉とトマトと卵のチネーゼ風

本格的なのにサッと作れる

卵とトマトで栄養満点。ひき肉との相性も抜群です。明るい彩りも◎。

材料・2人分

- 鶏ひき肉 …… 50g
- トマト …… 1個
- 卵 …… 1個
- サラダ油 …… 大さじ4
- 塩、黒こしょう …… 各適量
- A
  - 粉チーズ、トマトケチャップ …… 各大さじ1
  - 鶏がらスープの素（顆粒） …… 小さじ1
  - しょうゆ …… 小さじ1/2
- ごま油 …… 小さじ1/2

作り方

1. トマトはくし形切りにする。

2. フライパンにサラダ油大さじ2をひいて熱し、❶、ひき肉を入れて炒め、塩、黒こしょうを振る。

3. 別のフライパンにサラダ油大さじ2をひいて熱し、溶いた卵を流し入れて半熟状になるまで炒め、**ザルに上げて油を切る**。

   > 油を切るひと手間がおいしさのポイント

4. ❷のフライパンに❸とAを加え、サッと炒めて仕上げにごま油を回し入れる。

Chef's Point

お好みで、炒めるときに豆板醤大さじ1を加えるのもおすすめ。辛さが欲しいときは試してみてください。

とろとろのあんに旨み凝縮
大根あんかけ煮

材料・2人分

鶏ひき肉 …… 50g
大根 …… 300g
酒、白だし …… 各大さじ2
ごま油 …… 小さじ1
めんつゆ（3倍濃縮）
　…… 大さじ1と1/2
小ねぎ、黒こしょう …… 適量

【水溶き片栗粉】
片栗粉、水 …… 各適量

作り方

① 大根は皮をむいて1cm厚さの半月切りにし、鍋に入れる。**水（分量外）、酒、白だしを加えて**火をつけ、大根がやわらかくなるまで煮る。

水の目安はひたひたになる程度

② フライパンにごま油をひいて熱し、ひき肉を入れて炒める。①の大根とゆで汁150ml、めんつゆを加えて15分ほど煮込む（写真A）。

③ ②に水溶き片栗粉を加えてとろみをつけ、3cm長さに切った小ねぎを加え、サッと混ぜる。

④ ③を器に盛り、黒こしょうを振る。

A

白だしの風味にほっとするやさしい味つけのあんかけです。黒こしょうで刺激も忘れずに。

なすとひき肉の黄金コンビ。なすが大好きなかおちゃんのとっておきレシピです。

Chef's Point
味噌は赤味噌もおすすめです。

いつもの冷奴がごちそうに！
かおちゃんの味噌ひき肉の冷奴

材料・2人分

- ゆでひき肉 …… 50g
- なす …… 1/2本
- サラダ油 …… 大さじ3
- A [味噌 …… 大さじ1
　　 酒、みりん、砂糖 …… 各小さじ1]
- 絹ごし豆腐 …… 1丁（300g）
- 白炒りごま、青じそ、オリーブオイル …… 各適量

作り方

① なすは1cm角に切る。

② フライパンにサラダ油をひいて熱し、①を入れて炒め、ゆでひき肉、混ぜ合わせたAを加えて水気がなくなるまで煮る。

③ 器に豆腐を崩して盛り、②、白炒りごま、せん切りにした青じそをのせてオリーブオイルをかける。

ゆでひき肉の作り方

ひき肉はゆでることでほぐれてホロホロの食感に。簡単なのにいつもの料理が劇的に変わります。

材料・作りやすい分量
- 鶏ひき肉 …… 250g

作り方

① ひき肉をたっぷりの湯に入れ、箸で混ぜながらゆでる。

② アクを取り、ザルに上げて水気を切る。

驚きのイタリアン風!
桝谷風水餃子

材料・18個分

肉だね …… 180g
※76ページ作り方1・2参照

餃子の皮 …… 18枚
オリーブオイル、
　イタリアンパセリ …… 各適量

作り方

❶ 餃子の皮に肉だねをのせて（写真A）包む。同様に18個作る。

❷ フライパンにたっぷりの湯を沸かし、❶を入れてゆで、火が通ったらザルに上げて（写真B）水気を切る。

❸ ❷を器に盛り、オリーブオイルをかけてイタリアンパセリを添える。

Chef's Point

お好みで黒こしょうをかけても美味です。

ピンク色の肉だねが透けて見た目もかわいらしいひと品。玉ねぎの食感も楽しんで。

Chef's Point
粉チーズの代わりに中華だしの素（顆粒）でもOKです。

お店の味をおうちでも。いつものミートソースをこれに替えるだけで特別感が増します。

魅惑の白いミートソース
ミートソースビアンコ

材料・2人分

鶏ひき肉 …… 120g
赤玉ねぎ（または玉ねぎ）…… 1/4個
粉チーズ …… 大さじ3
にんにくオイル …… 小さじ2
小麦粉 …… 小さじ1
オリーブオイル …… 小さじ1
白ワイン …… 大さじ2
水 …… 90ml
塩・こしょう …… 各少々
パスタ …… 160g
岩塩 …… 水1Lにつき10g
黒こしょう、イタリアンパセリ …… 各適量

作り方

❶ 鍋に湯を沸かして岩塩を入れ、パスタをゆではじめる。

❷ 赤玉ねぎはみじん切りにする。

❸ フライパンにオリーブオイル、ひき肉、塩・こしょうを入れて火にかけて炒める。にんにくオイルと玉ねぎを加えて炒め、小麦粉を加えて混ぜ合わせる。白ワイン、水を加えてひと煮立ちさせ、ひき肉に火が通ったら火を止める。

❹ パスタを袋の表示時間の30秒前に取り出し、❸のフライパンに加える。粉チーズを振って火をつけ、全体にソースを絡ませて器に盛り、黒こしょうとみじん切りにしたイタリアンパセリを振る。

にんにくオイルで食欲倍増！
トマトのミートソース

Chef's Point
トマトソースはトマト水煮缶を潰したものでもOK。

トマトとひき肉とチーズのこれ以上ない完璧なハーモニー。やみつき間違いなしです。

材料・2人分

- 鶏ひき肉 …… 120g
- 赤玉ねぎ（または玉ねぎ）…… 1/4個
- 粉チーズ …… 大さじ3
- にんにくオイル …… 小さじ2
- 小麦粉 …… 小さじ1
- オリーブオイル …… 小さじ1
- 白ワイン …… 大さじ2
- 水 …… 90ml
- トマトソース …… 大さじ3
- 塩・こしょう …… 各少々
- パスタ …… 160g
- 岩塩 …… 水1Lにつき10g
- イタリアンパセリ …… 適量

作り方

❶ 鍋に湯を沸かして岩塩を入れ、パスタをゆではじめる。

❷ 赤玉ねぎはみじん切りにする。

❸ フライパンにオリーブオイル、ひき肉、塩・こしょうを入れて火にかけて炒める。にんにくオイルと❷を加えて炒め、小麦粉を加えて混ぜ合わせる。白ワイン、水、トマトソースを加えてひと煮立ちさせ、ひき肉に火が通ったら火を止める。

❹ パスタを袋の表示時間の30秒前に取り出し、❸のフライパンに加える。粉チーズを振って火をつけ、全体にソースを絡ませて器に盛り、みじん切りにしたイタリアンパセリを振る。

ひき肉

ゆでひき肉があればあとは調味料を加えて煮るだけ。やさしい味つけで子どもにも◎。

そぼろだけでも大満足!
桝谷のそぼろ丼

材料・2人分

ゆでひき肉 …… 80g ※81ページ参照
A ┌ 酒 …… 大さじ2
　├ しょうゆ、みりん …… 各大さじ1
　├ 砂糖 …… 小さじ1
　└ 和風だしの素（顆粒）…… 小さじ1/2
ごはん …… 丼2杯
刻みのり …… 適量

作り方

❶ フライパンにゆでひき肉とAを入れ、水気がなくなるまで煮る。

❷ 丼にごはんを盛り、❶をのせて刻みのりを飾る。

Chef's Point

そぼろだけでもおいしいですし、
もちろん炒り卵を加えて2色丼にしても◎。

余ったそぼろでアレンジレシピ
ドライカレー

材料・1人分

- 鶏そぼろ …… 50g ※86ページ作り方1参照
- 玉ねぎ …… 50g
- オリーブオイル …… 適量
- ごはん …… 茶碗1杯
- カレー粉、チキンコンソメ（顆粒）
   …… 各小さじ1
- イタリアンパセリ …… 適量

作り方

1. 玉ねぎはみじん切りにし、**オリーブオイルを加えて炒める。**
   - 炒め玉ねぎを加えることでコクがUP！
2. 別のフライパンにオリーブオイル大さじ1を入れて熱し、❶、ごはん、そぼろ、カレー粉、チキンコンソメを加えて炒める。
3. ❷を器に盛り、みじん切りにしたイタリアンパセリを振る。

炒め玉ねぎのひと手間でコクと深みがワンランク上に。ひと口食べれば止まりません。

Column.3 鶏皮活用
つまみ編

鶏皮は二日酔い防止に効果がある「ナイアシン」を含むため、つまみにもぴったり。止まらないおいしさなので、飲み過ぎ&食べ過ぎには要注意!

たくさん作ってもあっという間に胃の中へ。黒こしょうをしっかり効かせて。

究極のパリパリ食感
鶏皮せんべい

材料・2枚分

鶏皮 …… 2枚
塩、黒こしょう、粉チーズ …… 各適量
イタリアンパセリ(お好みで) …… 適量

作り方

① フライパンに鶏皮を入れ、カリカリになるまでときどき裏返しながら弱火でじっくりと焼く。

② ①を器に盛り、塩と黒こしょう、粉チーズを振ってお好みでイタリアンパセリを飾る。

きゅうりのポリポリ食感と
鶏皮のパリパリ食感が出合う！
ごまの風味で上品に。

さっぱりなのに香ばしい
きゅうりと鶏皮ポン酢

材料・2人分

鶏皮 …… 1枚
きゅうり …… 1本
にんにく …… 1かけ

A ┌ ポン酢しょうゆ …… 大さじ1
　├ ごま油 …… 小さじ2
　├ 白炒りごま …… 小さじ1
　└ 塩 …… 少々

作り方

① フライパンに鶏皮を入れ、カリカリになるまでときどき裏返しながら弱火でじっくりと焼く。

② きゅうりは手やめん棒で叩き、包丁で食べやすい大きさに切る。にんにくは手のひらで潰してみじん切りにする。

③ ②をボウルに入れ、Aを加えて和え、器に盛って砕いた①をのせる。

Chef's Point

お好みで青じそやみょうがを加えるのもおすすめです。

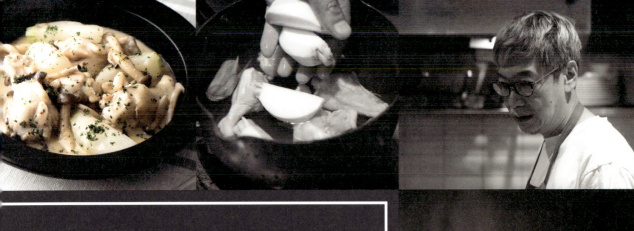

Part.4 手羽

CHICKEN WINGS

コラーゲンやビタミンB6を含む手羽は、揚げても焼いても煮ても美味。㊙隠し味のカレーや、満足感抜群のポトフ、油淋鶏など、濃厚な旨みを余すところなく、骨の髄まで堪能しましょう。

手羽元と野菜たっぷりで満足感抜群のポトフ。仕上げはオリーブオイルで。

ゴロゴロ具材で心もほっこり
手羽元のポトフ

材料・2人分

手羽元 …… 4本
キャベツ …… 1/4玉
にんじん …… 1本
じゃがいも、玉ねぎ …… 各1個
しいたけ …… 4枚
トマト …… 1/2個
水 …… 300ml
クローブ …… 4本
ローリエ …… 2枚
塩、黒こしょう、オリーブオイル
　…… 各適量

作り方

❶ キャベツは3等分に切り、にんじんは皮をむいて1cm厚さの輪切りにする。じゃがいもは皮のままひと口大に切り、玉ねぎは大きめのくし形切りにする。しいたけは軸を取って食べやすい大きさに切り、トマトはざく切りにする。

❷ ❶と手羽元、水、クローブ、ローリエ、塩を鍋に入れてフタをし、20分ほど煮る。

❸ ❷を器に盛り、黒こしょうを振ってオリーブオイルをかける(写真 A)。

Chef's Point

仕上げのオリーブオイルには保温効果もあるため、体を温めるのにぴったり。具材の調和にもひと役買います。

A

㊙隠し味のとっておきレシピ
手羽元のカレー

材料・2人分

手羽元 …… 4本
玉ねぎ …… 1/2個
しめじ …… 1/2パック
オリーブオイル …… 大さじ1
水 …… 400ml
カレールウ …… 2皿分
のり佃煮 …… 大さじ1
バター …… 20g
生クリーム、イタリアンパセリ（みじん切り）
　…… 各適量

作り方

1. 手羽元は水で洗って水気を拭く。玉ねぎは5mm厚さに切り、しめじは石づきを切り落として小房に分ける。カレールウは半量を細かく刻んでおく。

2. フライパンに手羽元、玉ねぎ、しめじを入れ、オリーブオイルを回しかけて火にかけ、炒める。水を加えて煮立て、**刻んだカレールウを加えて煮込み、残りのカレールウを加えて**とろみがつくまでさらに煮込む。

   > カレールウは半分刻み、残りはそのまま加えるのがポイント

3. ❷にのり佃煮（写真Ａ）、バターを加えて混ぜ、器に盛る。仕上げにイタリアンパセリを振り、生クリームをかける（写真Ｂ）。

Chef's Point

隠し味ののり佃煮で深みをプラス。
お好みで干しいちじくを加えても◎。

驚きの隠し味とバターのコクで
市販のカレールウがプロの味に。
余韻の残るおいしさです。

市販品を活用してお手軽！
なのにひと味違うおいしさ。
野菜の下ごしらえにも心を込めて。

市販のホワイトソース活用
手羽元のクリームシチュー

材料・2人分

手羽元 …… 4本
しめじ …… 1/4パック
かぶ …… 1個
オリーブオイル …… 適量
水 …… 200ml
ホワイトソース …… 大さじ2
バター …… 20g
粒マスタード …… 小さじ1
塩、イタリアンパセリ（みじん切り）
　…… 各適量

Chef's Point

ホワイトソースは缶のものを使用しています。余ったら冷凍すればOK。

作り方

① 手羽元は水で洗って水気を拭く。しめじは石づきを切り落として小房に分ける。**かぶは皮のまま8等分のくし形切りにし、水を入れたボウルに浸しながら竹串で茎の間の汚れを取って（写真A）皮をむく。**

> かぶの皮は捨てずに切り干し風にすると美味

② 鍋に①を入れてオリーブオイルを回しかけ、火にかけて炒める。

③ ②に水、ホワイトソースを加え、全体になじむまで混ぜ、バターを加えて煮込む。

④ ③に粒マスタードを加えて（写真B）火を止め、全体を混ぜて塩で味を調える。

⑤ ④を器に盛り、イタリアンパセリを振る。

手羽元

シンプルな味つけだからこそ引き立つ手羽元とかぶの旨み。ひと口飲めばほっとする味です。

心にもやさしく染み渡る
手羽元とかぶのスープ

材料・2人分

- 手羽元 …… 4本
- かぶ(葉つき) …… 1個
- 長ねぎ(青い部分) …… 適量
- にんにく …… 1かけ
- 水 …… 500ml
- 中華だしの素(顆粒)、白だし、ごま油 …… 各小さじ1
- 黒こしょう(お好みで) …… 適量

作り方

❶ かぶは身と葉に分け、身は皮のまま8等分のくし形切りにし、水を入れたボウルに浸しながら竹串で茎の間の汚れを取って皮をむく。葉は2cm長さに切る。

> 余裕があれば身の面取りもすると◎

❷ 鍋に水、中華だしの素、白だし、長ねぎ、にんにく、手羽元、かぶの身を入れ、具材がやわらかくなるまで15分ほど煮る。

❸ ❷にごま油、かぶの葉を加えてサッと火を通し、器に盛ってお好みで黒こしょうを振る。

Chef's Point

長ねぎとにんにくは13ページの下処理でマリネに使ったもの。これ以降のレシピも同様です。しょうがを加えても美味。

香ばしい香りで食欲そそる
手羽元とじゃがいものロースト

材料・2人分

- 手羽元 …… 4本
- じゃがいも …… 2個
- 玉ねぎ …… 1/2個
- にんにく …… 1かけ
- オリーブオイル …… 大さじ1
- ローズマリー …… 2本
- ローリエ …… 1枚
- 塩、黒こしょう …… 各適量
- イタリアンパセリ（みじん切り） …… 適量
- レモン …… 1/2個

作り方

❶ 手羽元は水で洗って水気を拭く。じゃがいもは皮のままひと口大に切り、玉ねぎは大きめのくし形切りにする。

❷ フライパンに❶とにんにく、ローズマリー、ローリエを入れてオリーブオイルを回しかけ、火にかける。具材の**表面に焼き色がついて中に火が通るまでフタをして焼く**。

> 250℃のオーブンで15分焼いてもOK

❸ ❷に塩、黒こしょうを振って味を調え、イタリアンパセリを加えて混ぜる（写真Ⓐ）。器に盛り、半分に切ったレモンを添える。

こんがり焼き目をつけた手羽元にハーブの豊かな香りで贅沢気分。レモンを搾っての味変もお楽しみ。

レモンの酸味広がる
手羽中の塩レモン焼き

見ているだけで思わずのどが鳴るがっつり手羽中レシピ。ごはんにもお酒にも合います。

材料・2人分

手羽中 …… 8本
A ┌ レモン汁 …… 1/2個分
  │ 塩、ドライパセリ …… 各少々
  │ 赤唐辛子（小口切り）
  │   …… 1/2本分
  └ にんにく（潰す）…… 1かけ
オリーブオイル …… 大さじ3
レモン …… 1/4個
赤玉ねぎ、パセリ …… 各適量

作り方

① ボウルに**手羽中とAを入れて和え、10分ほど漬け込む**（写真**A**）。

> 手羽中は洗わずに使用

② フライパンにオリーブオイルをひいて熱し、❶を入れて**焼き色がつくまで焼く**。

> オーブントースターで焼いてもOK

③ 赤玉ねぎを薄切りにして器に敷き、❷を盛ってレモンとパセリを添える。

しっかり味の染み込んだ
照り照りの手羽中と大根。
おいしくないわけがありません。

仕上げのバターが味の決め手
手羽中と大根の煮込み

材料・2人分

手羽中 …… 6本
大根 …… 200g
水 …… 100ml
酒 …… 大さじ2
A ┌ しょうゆ、みりん
　　　…… 各大さじ1
　　オイスターソース、
　　鶏がらスープの素(顆粒)、
　　砂糖 …… 各小さじ1
　　赤唐辛子(小口切り)
　└　…… 1/2本分
バター …… 5g

作り方

❶ 大根は**皮をむいて2cm厚さの輪切りにする。**

> 余裕があれば面取りをすると、煮崩れせずきれいな仕上がりに

❷ 鍋に❶を入れ、水、酒を加えてサッと煮立てる。

❸ ❷に手羽中、Aを加えて(写真A)落としブタをし、水気が少なくなるまで煮込む。仕上げにバターを加えて混ぜる。

A

手羽中

さっぱりしているのに
やみつきになるおいしさ。
大根おろしをたっぷりかけて。

大根おろしたっぷり！
手羽中のさっぱり煮 ブロッコリー添え

材料・2人分

手羽中 …… 8本
ブロッコリー …… 4房
A [ポン酢しょうゆ、水 …… 各大さじ4]
大根 …… 100g
オリーブオイル …… 小さじ1

作り方

❶ 手羽中は水で洗って水気を拭く。ブロッコリーは塩ゆで(分量外)し、大根はすりおろして水気を切る。

❷ フライパンに手羽中、**Aを入れて火にかけ**、水気が少なくなるまで煮込む。

　　バターを入れてもおいしさUP

❸ ❷に大根おろし、オリーブオイルを加えてサッと混ぜ、器に盛って❶のブロッコリーを添える。

鶏肉の旨み溶け出す
手羽中の参鶏湯（サムゲタン）

仕上げのごま油で風味を加えて。旨みが凝縮されたスープはおかわりしたいおいしさです。

材料・2〜3人分

手羽中 …… 8本
長ねぎ …… 1本
しいたけ …… 2枚
にんにく …… 2かけ
しょうが（スライス）…… 2枚
水 …… 600ml
A ┌ ごはん …… 50g
　│ 酒 …… 大さじ2
　│ 鶏がらスープの素（顆粒）
　│ 　…… 小さじ1
　└ 塩 …… 少々
ごま油 …… 小さじ1

作り方

1. **長ねぎはまな板に押しつけて転がし**、2cm幅の斜め切りにする。しいたけは軸を取り、0.5cm厚さに切る。
   > 長ねぎの香りを出すためのワンポイント

2. 鍋に❶、手羽中、にんにく、しょうが、水を入れてひと煮立ちさせ、Aを加えて具材がやわらかくなるまで煮込む。

3. 仕上げにごま油を回し入れる。

Chef's Point

一般的には生米を使いますが、炊いたごはんを使うことで時短になります。

手羽先

甘辛いたれをたっぷり絡めた手羽先はビールとの相性抜群。完成まで待ちきれません。

名古屋出身の面目躍如!
かおちゃんの手羽先

材料・2人分

手羽先 …… 8本
黒こしょう、片栗粉 …… 各適量
A ┌ しょうゆ …… 大さじ3
　├ みりん …… 大さじ2
　└ 酒、はちみつ（または砂糖）、白炒りごま
　　　…… 各大さじ1
揚げ油 …… 適量

作り方

① 手羽先は水気を拭いて黒こしょうを振り、片栗粉を全体にまんべんなくまぶす。

② Aを小鍋に入れ、とろみが出るまで煮詰める。

③ 揚げ油を180℃に熱して①を揚げ、②に絡めて器に盛り、黒こしょうをたっぷりかける。

焼肉のたれで失敗知らず
手羽先となすの甘辛炒め

材料・2人分

- 手羽先 …… 6本
- なす …… 1本
- ブロッコリー …… 60g
- 揚げ油 …… 適量
- A ┌ 焼肉のたれ …… 大さじ2
  └ 酒、水 …… 各大さじ1
- 黒こしょう …… 適量

作り方

1. 手羽先は水気を拭く。なすは縦半分に切って16等分にする。ブロッコリーは小房に分ける。

2. 揚げ油を180℃に熱し、❶をそれぞれ揚げ焼きにする。
   > 火の通りやすいなすは先に取り出す

3. フライパンに❷を入れてAを加えて煮絡め、器に盛って黒こしょうをふる。

油の旨みをたっぷり吸収した手羽先、なす、ブロッコリー。焼肉のたれでバランスのよい味に。

絶品ねぎだれの虜に!
手羽先の油淋鶏

材料・2人分

- 手羽先 …… 6本
- 片栗粉 …… 適量
- 長ねぎ …… 1/2本
- A
  - しょうゆ …… 大さじ2
  - 砂糖、酢、水、ごま油 …… 各大さじ1
  - しょうが(チューブ)、白炒りごま …… 各小さじ1
  - 黒こしょう …… 適量
- 揚げ油 …… 適量
- 白菜、レモン …… 各適量

作り方

1. 長ねぎはみじん切りにしてAと混ぜ合わせ、冷蔵庫で冷やしておく。
2. 手羽先は水気を拭き、片栗粉を全体にまんべんなくまぶして180℃に熱した油で揚げる。
3. 白菜をせん切りにして器に盛り、❷をのせて❶をかけ(写真A)、レモンを添える。

Chef's Point

砂糖は三温糖がおすすめです。下に敷く葉野菜は白菜のほか、レタスなどお好みで。

もも肉で作ることが多い油淋鶏を手羽先にアレンジ。桝谷流のたれをお楽しみあれ。

ぐつぐつ煮込んだ熱々の鍋は寒い季節にぴったり。夏に食べて汗をかくのもオツです。

ピリ辛で体が温まる
手羽先の四川風鍋仕立て

材料・2人分

手羽先 …… 6本
しめじ …… 1/4パック
えのきたけ …… 1/4株
白菜 …… 100g
A ┌ 長ねぎ …… 1/2本
  │ にんにく …… 1かけ
  │ しょうが(チューブ)、豆板醤
  │   …… 各小さじ1
  │ 赤唐辛子(小口切り) …… 1本分
  └ サラダ油 …… 大さじ1
水 …… 400ml
合わせ味噌、鶏がらスープの素(顆粒)
  …… 各小さじ1
ごま油 …… 小さじ1

作り方

❶ しめじとえのきたけは石づきを切り落として小房に分け、白菜はひと口大に切る。Aの長ねぎ、にんにくはみじん切りにする。

❷ 鍋にAを入れて火にかけて炒め、水、合わせ味噌、鶏がらスープの素、手羽先を加えてひと煮立ちさせ、アクを取る。

❸ ❷にしめじ、えのきたけ、白菜を加えて(写真A)フタをし、具材がやわらかくなるまで煮込む。仕上げにごま油を回し入れる。

Chef's Point

麺を入れても旨い！ 食べ過ぎには要注意です。

Column.4 鶏皮活用
サラダ編

じっくりカリカリに焼いた鶏皮を加えるだけでいつものサラダがお店レベルに。葉物にもじゃがいもにも合う鶏皮のポテンシャルは無限大です。

明太子のピリ辛が決め手
鶏皮タラモサラダ

材料・4人分
- 鶏皮 …… 1枚
- じゃがいも …… 2個
- 明太子 …… 40g
- マヨネーズ …… 大さじ1
- イタリアンパセリ（みじん切り）、黒こしょう …… 各適量

作り方

❶ フライパンに鶏皮を入れ、カリカリになるまでときどき裏返しながら弱火でじっくりと焼く。

❷ じゃがいもは**皮つきのまま**たっぷりの湯でやわらかくなるまでゆで、皮をむいてひと口大に切る。明太子は薄皮を除く。

> じゃがいもの皮はむいてもOK。お好みで

❸ ❷とマヨネーズをボウルに入れて、じゃがいもを軽く潰しながら混ぜ、細切りにした❶を加える。全体をサッと混ぜて器に盛り、イタリアンパセリと黒こしょうを振る。

合わないわけがない最高のコラボレーション。旨みを口いっぱいに堪能して。

焼いた鶏皮があれば、あとは野菜を切って盛りつけるだけ。おもてなしにも最適のひと品です。

粉チーズで見た目も華やか
鶏皮のシーザーサラダ

材料・2人分

鶏皮 …… 1枚
サラダ用ケール …… 50g
赤玉ねぎ …… 1/4個
A ┌ フレンチドレッシング、粉チーズ
　　　…… 各大さじ1
　├ オリーブオイル …… 小さじ1
　└ 塩、黒こしょう …… 各適量

Chef's Point

フレンチドレッシングがない場合はマヨネーズでもOK。

作り方

① フライパンに鶏皮を入れ、カリカリになるまでときどき裏返しながら弱火でじっくりと焼く。

② ケールはひと口大にちぎり、赤玉ねぎは薄切りにして水にさらす。

③ ②の水気をよく切ってボウルに入れ、Aを加えて和える。砕いた①を加えて**サッと混ぜ合わせ**、器に盛って粉チーズ（分量外）をかける。

> 野菜から水が出ないよう、和えるのは軽くを意識して

Part.5
ささみ
CHICKEN FILLET

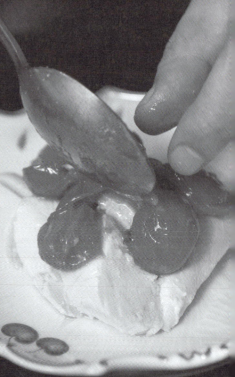

低温調理でじっくり加熱した
ささみは、やみつき間違いなしの
ふわふわ食感が魅力。
フライ、ディップソースに春巻き、
大人も子どももみんな大好きな
心躍るラインナップです。

香味野菜が香る
ささみのクレオザ

材料・2人分

ささみ（低温調理）…… 1本
にんじん …… 30g
きゅうり …… 30g
赤パプリカ …… 10g
セロリ …… 10g
赤玉ねぎ …… 10g

A ┌ レモン汁 …… 1/4個分
　├ オレンジジュース …… 大さじ1と1/2
　├ オリーブオイル …… 大さじ2
　└ イタリアンパセリ（みじん切り）…… 適量

塩、黒こしょう …… 各適量
レモンスライス（お好みで）…… 適量

作り方

① ささみは1.5cm角に切る。にんじん、きゅうり、パプリカ、セロリ、赤玉ねぎは5mm角に切って塩をもみ込んで少しおき、水気を拭く。

② ①とAをボウルに入れて和え、塩と黒こしょうで味を調える。

③ ②を器に盛り、お好みでレモンスライスを添える。

Chef's Point

野菜はお好みのものでOK。
あればピクルスを入れても◎。
ガーリックトーストにのせるのもおすすめです。

ささみの低温調理

これを作っておくだけでさまざまなレシピに使えます。
余熱でじっくり加熱することで、ふわふわの食感に。

材料・4本分

ささみ …… 4本
長ねぎ（青い部分）…… 適量
にんにく …… 1かけ
酒 …… 少々

作り方

① 鍋に水（分量外）を入れ、酒、長ねぎの青い部分、潰したにんにくを入れて沸騰させる。

② ①の火を止めてささみを入れ、フタをして10分おく。

カラフルな見た目に心躍るひと品。
レモン汁とオレンジジュースの
爽やかな味わいです。

\# ささみ

タイムを添えてシックに飾りつけ。ささみとミニトマトをシンプルに楽しむレシピです。

シンプルな旨みを楽しむ
ささみとミニトマトのソテー

材料・2人分

ささみ(低温調理)
　……2本 ※112ページ参照
ミニトマト …… 10個
オリーブオイル …… 大さじ1
タイム …… 2本
塩 …… ひとつまみ

作り方

❶ ミニトマトは横半分に切ってフライパンに入れ、オリーブオイル、タイムを加えて火にかける。ミニトマトを軽く潰しながら炒め、塩で味をつける。

❷ ささみをひと口大に切って器に盛り、❶をのせる(写真 A)。

パリパリ春雨にやみつき
ささみマヨ 春雨揚げつき

材料・2人分

ささみ(低温調理) …… 2本 ※112ページ参照
春雨(乾燥) …… 40g
揚げ油 …… 適量
A ┌ トマトケチャップ、マヨネーズ、牛乳
  │   …… 各大さじ1
  └ 砂糖 …… 小さじ1
黒こしょう、イタリアンパセリ …… 各適量

作り方

❶ ささみはひと口大に切ってボウルに入れ、Aを加えて和える。

❷ 春雨は低温の油で薄く色づくまで揚げる。

❸ ❷を器に盛り、❶をのせて黒こしょうを振り、イタリアンパセリを添える。

Chef's Point

春雨は高温で白くふくらむまで揚げてもOK。ふわふわサクサクになります。

しっとりやわらかなささみとパリパリに揚げた春雨の食感の違いを堪能して。

ささみとアボカドにディップすれば
いつもの野菜がさらにおいしく。
お子さんにもおすすめです。

♯ささみ

野菜の旨みを引き立てる
スティック野菜
ささみディップソースで

材料・2人分

お好みの野菜 …… 適量
ささみ（低温調理）
　　…… 1本 ※112ページ参照
アボカド …… 1/2個
マスカルポーネチーズ …… 30g
マスタード …… 15g
マヨネーズ …… 大さじ1

作り方

❶ 野菜はそれぞれスティック状に切り、水につけておく（写真 A）。

❷ ささみは細かくほぐし、アボカドは小さめのひと口大に切る。

❸ ❷にマスカルポーネチーズ、マスタード、マヨネーズを加えて混ぜ、小さめの器に盛る。

❹ 器に❸をのせ、水気を拭いた❶を盛りつける。

Chef's Point

マスタードはディジョンマスタード（フレンチマスタード）がおすすめ。
ワンランク上の風味になります。
野菜に水気が残っているとソースの味が薄まるので、しっかり拭き取って。

A

117

まろやかな酸味がささみときのこをやさしくまとめます。温かいままでも、冷たくしても。

白ワインのお供に
ささみときのこのマリネ

材料・2人分

- ささみ(低温調理) …… 1本 ※112ページ参照
- しめじ …… 1パック
- えのきたけ …… 40g
- しいたけ …… 2枚
- にんにく(スライス) …… 1かけ分
- 赤唐辛子 …… 1本
- 塩 …… 適量
- A [オリーブオイル、酢 …… 各大さじ2]
- イタリアンパセリ(みじん切り) …… 適量

作り方

❶ ささみは細かく裂く。しめじ、えのきたけは石づきを切り落として小房に分け、しいたけは軸を取って4等分に切る。赤唐辛子は細かく刻む。

❷ フライパンにしめじ、えのきたけ、しいたけ、にんにく、赤唐辛子、塩を入れて火にかけ、**きのこに焼き色がつくまで焼く**。

> 油を入れないで乾煎りにし、きのこの水分を出す。焼き色もしっかりつけて

❸ ❷、ささみ、A、イタリアンパセリを混ぜ、塩で味を調える。

Chef's Point
穀物酢は酸味が強いので、まろやかな米酢やチェリービネガーがおすすめ。

すりごまの風味が豊かに香る
かおちゃんのささみとアボカドの味噌和え

材料・2人分

ささみ（低温調理）…… 1本 ※112ページ参照
アボカド …… 1/2個

A
- 白すりごま
　…… 大さじ3（飾り用に少し取っておく）
- 砂糖、みりん …… 各大さじ2
- 味噌、酒 …… 各大さじ1

Chef's Point
炒りごまでもOKですが、風味が豊かなすりごまのほうが味噌とも合っておすすめです。

作り方

① ささみとアボカドは**1.5cm角のさいの目切り**にする。
　　ささみは手で裂いてもOK

② ボウルにAを入れて混ぜ、①を加えて和える。

③ ②を器に盛り、飾り用に取っておいたすりごまを振る。

ささみとアボカドのベストコンビ。味噌とすりごまの風味豊かで、おかずにもお酒のアテにも。

大人も子どもも大喜び!
ささみのカレーフライ

材料・2人分

- ささみ …… 4本
- 卵 …… 1個
- 小麦粉 …… 適量
- カレー粉 …… 小さじ1/2
- パン粉、塩 …… 各適量
- 粉チーズ、パセリ …… 各適量
- 揚げ油 …… 適量

作り方

❶ ささみは斜めに3等分に切ってスティック状にし、塩を振る。

❷ ボウルに割った卵に小麦粉、カレー粉を加えて溶き混ぜ、❶をくぐらせる。パン粉をつけて180℃に熱した揚げ油で揚げ、塩を振る。

❸ ❷を器に盛って粉チーズを振り、パセリを飾る。

Chef's Point
粉チーズをたっぷりかけるのがポイント。ささみの熱で溶ける前に食べること!

熱々のうちに頬張れば笑顔になること間違いなし。粉チーズが溶けないうちに!

白と黒のごまを混ぜ合わせて
見た目にも美しく。
口いっぱいに風味が広がります。

ごまたっぷりで健康的
ささみの2種ごまスティックフライ

材料・2人分

ささみ …… 2本
小麦粉、溶き卵 …… 各適量
白炒りごま、黒炒りごま
　　…… 各大さじ1
サラダ油 …… 適量
お好みの野菜 …… 適量
オリーブオイル …… 適量
塩、黒こしょう …… 各適量

作り方

❶ ささみに小麦粉をまぶして溶き卵にくぐらせ、混ぜ合わせた炒りごまを全体にまんべんなくまぶす。

❷ フライパンに多めのサラダ油を入れて熱し、❶を入れて揚げ焼きにする。

❸ お好みの野菜をオリーブオイルで炒め、塩、黒こしょうで味を調える。

❹ ❸を器に盛り、食べやすく切った❷をのせる。

Chef's Point

サーモンで作っても美味。野菜はほうれん草やかぶの葉がおすすめです。

青じそと梅を贅沢に使って軽やかな味わいに仕上げます。炒りごまがアクセントに。

Chef's Point
梅干しはしそ漬けではなく、はちみつ漬けなど甘めのもので。

爽やかな酸味でひと味違う
ささみと青じその梅春巻き

材料・3本分

- ささみ …… 4本（200g）
- 青じそ …… 6枚
- 梅干し（甘口）…… 4個
- 白炒りごま …… 大さじ1
- 春巻きの皮 …… 3枚

【水溶き小麦粉】
- 小麦粉、水 …… 各大さじ1

- サラダ油 …… 適量
- キャベツ …… 適量
- 塩 …… 少々
- オリーブオイル …… 適量
- 黒こしょう …… 適量

作り方

1. ささみは包丁で細かく切り、さらに叩いて細かく刻む。

2. 梅干しは種を取って包丁で細かく叩き、❶、白炒りごまと混ぜ合わせる。

3. 春巻きの皮全体に**水溶き小麦粉を塗り**、青じそ2枚を対角線上に斜めに並べて❷をのせて巻く。残りも同様に作る。

　水溶き小麦粉は1：1の割合で

4. フライパンに多めのサラダ油を入れて熱し、❸を入れて揚げ焼きにする（写真A）。

5. ざく切りにしたキャベツを塩とオリーブオイルで和えて器に盛り、食べやすく切った❹をのせて黒こしょうを振る。

A

イタリア風絶品つみれ
ささみとえびのバポーレ

材料・2人分

- A
  - ささみ …… 4本
  - むきエビ …… 100g
  - 卵 …… 1個
  - 酒、小麦粉 …… 各大さじ1
  - しょうゆ、和風だしの素（顆粒）…… 各小さじ1
  - 塩 …… 少々
- ごま油 …… 適量
- しめじ …… 1/4パック
- 白菜 …… 40g
- 春雨（乾燥）…… 5g
- ささみのゆで汁 …… 200ml ※112ページ参照
- 白だし …… 小さじ1
- しょうゆ …… 少々
- 黒こしょう（お好みで）…… 適量

作り方

❶ Aをミキサーまたはフードプロセッサーに入れてなめらかになるまで回し、ごま油をつけた手でひと口大に丸めて沸騰した湯でゆでる。

❷ しめじは石づきを切り落として小房に分け、白菜はざく切りにする。

❸ 鍋にささみのゆで汁、❷、春雨、白だしを入れて煮込み、❶を加えてサッと煮る。**しょうゆを加えて器に盛り、お好みで黒こしょうを振る。**

> しょうゆは隠し味

Chef's Point

ささみのゆで汁がない場合は、
鶏がらスープの素を湯で溶いたものでもOK。

ささみのやさしい旨みがつみれにもスープにも。最後の一滴まで飲み干して。

シェフの技が光る
ロールキャベツ

材料・2人分

- ささみ …… 2と1/2本（130g）
- キャベツ …… 4枚
- A
  - 中華だしの素（顆粒）、しょうが（すりおろし） …… 各小さじ1
  - 塩、黒こしょう …… 各少々
- 小麦粉 …… 適量
- 水 …… 200ml
- 鶏がらスープの素（顆粒） …… 小さじ1
- 黒こしょう、オリーブオイル …… 各適量

作り方

❶ キャベツはゆでて氷水に取り、水気を拭いて2枚に小麦粉を振る。芯の硬い部分は削ぎ取り、残りの2枚と合わせてみじん切りにする。

❷ ささみは細かく切り、A、みじん切りのキャベツと混ぜて、小麦粉を振ったキャベツで包む。巻き終わりは爪楊枝でとめる。

❸ フライパンに❷、水、鶏がらスープの素を入れ、フタをして煮込む。

> 水を注ぐときはロールキャベツを押さえておくと崩れない

❹ ❸に火が通ったら爪楊枝を取って食べやすい大きさに切り、器に盛って黒こしょう、オリーブオイルをかける。

オリーブオイルの香り豊か。いつものロールキャベツが何倍にもおいしくなる技は必見。

バジルの風味が鼻から抜ける洗練されたおいしさです。ささみとチーズの存在感たっぷり。

イタリア風茶碗蒸し
ささみのスフォルマート

材料・2人分

- ささみ …… 1本
- タレッジオチーズ …… 30g
- A
  - 生クリーム …… 30ml
  - ささみのゆで汁 …… 100ml ※112ページ参照
  - 卵 …… 1個
  - 塩 …… 少々
- 粉チーズ …… 大さじ1
- バジル …… 2枚
- ケッパー（酢漬け）…… 小さじ1
- オリーブオイル …… 大さじ1

作り方

1. ささみはひと口大に切り、タレッジオチーズは細かく切って耐熱の器に入れる。

2. Aを混ぜ合わせてザルなどで濾し、粉チーズを混ぜて❶に注ぎ、**蒸し器で蒸す。**
   > 蒸し時間の目安は、強火で3分加熱したあと、弱火にしてさらに10分

3. バジルとケッパーをみじん切りにしてオリーブオイルを加えて混ぜ、❷にかける。

Chef's Point

ささみのゆで汁がない場合は、鶏がらスープの素を湯で溶いたものでもOK。

ささみ

大きめに切ったささみで
食べごたえ抜群。
手軽に作れて重宝します。

簡単なのにプロの味
ささみの親子丼

材料・2人分

ささみ …… 2本
玉ねぎ …… 1/2個
しいたけ …… 4枚
卵 …… 2個
A ┌ しょうゆ、みりん、酒 …… 各大さじ2
　├ 砂糖、和風だしの素（顆粒）
　│　…… 各小さじ2
　└ 水 …… 100ml
ごはん …… 丼2杯

作り方

① ささみはひと口大に切る。玉ねぎは薄切りにし、しいたけは軸を取って薄切りにする。

② フライパンに①、Aを入れて火にかけ、煮立ったら溶いた卵を回し入れる。卵が半熟状になるまで加熱し、丼に盛ったごはんの上にのせる。

Chef's Point

卵はかき混ぜ過ぎないのがポイント。

チーズとささみの至福のコラボ
ささみのゴルゴンゾーラグラタン

材料・2人分

- ささみ …… 2本
- カリフラワー …… 100g
- 白ワイン …… 90ml
- バター …… 30g
- 生クリーム …… 50ml
- ゴルゴンゾーラチーズ …… 50g
- 粉チーズ、パン粉 …… 各大さじ1
- イタリアンパセリ（みじん切り）…… 適量

作り方

1. ささみはひと口大に切り、カリフラワーは小房に分けて塩ゆで（分量外）し、それぞれ耐熱皿に入れる。
2. 鍋に白ワインを入れて沸騰させ、バター、生クリーム、ゴルゴンゾーラチーズを加えてとろみがつくまで加熱し、❶に注ぐ。
3. ❷に**粉チーズ、パン粉を振り**、200℃のオーブンで焼き色がつくまで10分ほど焼く。仕上げにイタリアンパセリを振る。

> パン粉はなくてもOK

こんがりと焼き色をつけたチーズが食欲をそそる絶品グラタン。ささみにたっぷりと絡めて。

〈 店舗情報 〉
「オステリア ルッカ♡東4丁目」
〒150-0011 東京都渋谷区東4-9-10 TS広尾ビルB1F
TEL　03-6892-2686
MAIL　info@osteria-lucca.com

〈 YouTube 〉
「桝谷のSimple is best」
https://www.youtube.com/
@user-fp3kr9um6b

〈 商品関連情報 〉
藤屋オンラインショップ
https://fujiyaretail.theshop.jp

GAULOS JAPAN
ガウロス エキストラバージンオリーブオイル
https://gaulos-japan.com/
products/masuya-chef

STAFF

企画	坂尾昌昭(トキオ・ナレッジ)
編集	森本順子、清水七海(株式会社G.B.)
デザイン	酒井由加里(Q.design)
DTP	矢巻恵嗣
撮影	宗野 歩
編集協力	池田桂子
スタイリング協力	あずままちこ、池田桂子、栗田美香
編集アシスタント	大川真優
調理アシスタント	永井 香
写真提供	ピクスタ
プロデュース	井上 泰、高津利菜(株式会社宝島社)

これより旨い鶏料理を僕は知らない

2024年12月25日　第1刷発行

著者　　桝谷周一郎
発行人　関川 誠
発行所　株式会社宝島社
　　　　〒102-8388
　　　　東京都千代田区一番町25番地
　　　　営業：03-3234-4621
　　　　編集：03-3239-0928
　　　　https://tkj.jp
印刷・製本　中央精版印刷株式会社

©Shuichiro Masuya 2024
Printed in Japan
ISBN 978-4-299-06010-5

＊本書の無断転載、複製を禁じます。
＊乱丁・落丁本はお取り替えいたします。